「投票手当」1万円を支給する新選挙制度のすすめ

「万《まん》円《えん》万《ばん》来《らい》選挙」の思想と行動

武田文彦
Takeda Fumihiko

論創社

はじめに

敗戦後七十九年が経過した。この間、衆議院選挙は二〇二一年までに四十九回、参議院選挙は二〇二二年までに二十六回目で、合計すると、七十五回の国政選挙を繰り返してきたことになる。

これだけ選挙を繰り返してきたのだから、日本の政治もさぞかし、でなければせめて少しずつでも良くなってきたと思いたいのは当然だろう。

しかし、我が思いに反して、日本の政治は加速度的に悪い方向に突き進んでいる。だから選挙をすればするほど日本の政治は悪くなってきたのだと言える。

ならば選挙をしなければ日本の政治はよくなるかといえば、そうではないだろう。それでは日本は江戸時代に戻ってしまう。

では、民主主義政治を前提にしてこれからの日本の政治を良くするには、どうすればいいのか。

さまざまな要因があるはずだから、それらを考察する必要がある。

まずもって、選挙をしても良い結果が生まれない以上、選挙制度について根本的に見直さなければならないはずである。更にまた、日本の政治は日本国憲法の統制下に置かれているのであるから、日本国憲法に欠陥があるのではないかと疑ってみなければなるまい。しかしそうなると、憲法に改めなければならない個所が有るのか無いのかという問題を論ずるだけでなく、憲法を尊重し擁護する義務を負っている政治家や官僚の悪意なり裏切りの有無についても追及せねばならない。

また選挙法とは別に、そうやって国民に背信行為をする政治家を選出してきた国民の方にも、政治が悪くなる重大な原因があるのではないかと考える必要も出てくる。

そこで本書では、選挙制度を改善することに主眼をおいて新たな提案をし、その可能性について衆知を集める機会としたいのである。

ならば選挙制度をどう改善すべきか。ここでは大雑把な言い方になるが、政治というものを政治家の立場ではなく、国民の立場で考えることができる政治家を、我々国民が選び出していけるように変えなければならない、ということになる。

理屈を言えばそうなるが、これが意外に難しい。なにしろ選挙に立候補する面々に、公僕として国民に献身する理念と徳性と決意が本当に備わっているかどうかを見極めるのは、至難のわざなのだ。

過去の選挙で「私は国民のため、あるいは地元の皆さんのための政治は行いません」と演説した国会議員はいないはずだ。みんな選挙の時期ともなれば泣かんばかりに大げさな芝居を敢えて行い、土下座までして「皆さんのために頑張ります。ですから投票を」と選挙民をおがみ倒したはずだ。

事実と理屈が食い違うのはよくあることで、そういう事実が白日の下にさらされることこそ少ないけれども、みんなのために頑張ると公言しながら土下座までしたり闇献金の金を握らせたりして投票を頼むのは、論理的にはありえない異常な行為である。

その結果、自由民主党政治は地に落ち、地方は寂れ果てつつある。

しかし、この極端な政治病理の出現こそが自ずと明快な答えを出していると私は気が付いたのである。だから希望はあるのだ、病巣が見えたのだから。

その「答え」とは、すなわち政治の貧困の救済法とは、政治家に現在のような権能を与えてはダメだということである。あるいは政治家にすべてを頼るようなことでは今日のような状態になって駄目だということである。

選挙の時の調子のよい美辞麗句とは裏腹に、政治家は国民のためではなく政治家自身のために、時には政治家と国民の利益が偶然一致することもあるけれど、大半は自分のために政治をすることになる。それが証拠に自分の子供を跡継ぎにしようとしているではないか。

もっと端的に言えば国民の立場で政治を考えるための最良の方法は、政治家に、政治家の立場を捨てて国民の立場で考えて政治を行ってください、と頼むのではなく、もとより政治家に政治の決定をオマカセにせずに、国民が自ら自分の頭で考えて決定できるようにすることである。これが結局、ベストの方法であるはずだ。そうすれば政治家の恣意が政治を乱して腐敗させる機会は激減するはずだ。

そういう理想を現実にするのは不可能という訳ではない。幸いにも先駆けの手本がある。すなわちスイスが永い伝統と実績の下で国民投票制を採用して、国民が自ら、重大な政治課題について判断し決定している。こういう実践から学べばいいだけなのだ。

今までのような自由民主党政治を不可能にするには、議会制民主主義の欠陥と限界を超えた新しい民主主義制度の実現が、今の日本に求められている。

それにつけても本当に残念なのは、自由民主党などの与党は論外であるが、これまで選挙で負け続けてきた日本の野党が、同様の問題意識も新たな戦略もないままに、ただただ負け戦を続けてきたという事実である。野党はまず頭を切り替えて目を覚ませと言わなければなるまい。オウンゴールを得点とするのはサッカーだけにしてほしいものだ。

かれこれ四半世紀も前のことになるが、国民の信頼を失い「サメの脳みそ、ノミの心臓」と揶揄されていた当時の首相が、総選挙のさなかに「（浮動票の有権者層は）投票に行かないで寝ていてくれればいい」と公言して社会問題になった。選挙は棄権をして投票をサボり、寝ていてほしいと悪徳政治家に言わしめたその国民自身が、今こそ目覚めねばならないのだ。

そのためにはまずもって国政選挙の投票率を一〇～二〇％ほど向上させて七〇％とし、多くの国民を政治の場に登場させることが必要だ。

投票率二〇％の上昇に加えて、選挙に量から質への変化をもたらすような知恵と構想が投入されれば、日本の新しい政治革命は始まると信じて、その提案をした次第である。

この一冊が、読者諸賢の政治改革への希望と意欲の糧《かて》になることを、私は心から願うものである。

二〇二四（令和六）年八月

リンカーンクラブ　代表　武田文彦

「投票手当」1万円を支給する新選挙制度のすすめ　目次

——「万円万来選挙《まんえんばんらい》」の思想と行動

Ⅱ　第二維新（近代日本の第三革命）

I

自公連立政権は滅ぶべき「幕藩体制」である

序

情けない状況

我が国は敗戦以来永く保守政党である自由民主党が政権を握ってきた。この自由民主党政権を支持してきた人たちといえば、大地主、大株主、大資産家、大企業経営者、エリート意識の塊である医師界、宗教界、政府からの発注に依存する大企業群、幸運と才能に恵まれた若干の人たち、後は投票などというまどろっこしいことはしないだろう裏社会の人々、変革よりも進歩なき旧態に安住する小市民、そして何よりも魔王のように日本を見えない形で支配してきた大国アメリカの政界と軍部であろう。

こういう人たちと、神や仏にすがって自らは何もしない知性の片鱗もなく徳性なんぞどこへやら……で、傍から見れば恥ずかしくなるような無様で悪質な政治が、不思議なことに、ずいぶんと永い間展開されてきたのである。

だから当然であるが、「自公連立」政権という偽装の体裁をとりながら自由民主党が日本の政治を牛耳っている限り、いくら選挙を繰り返し、内閣を変えようが、あるいは野党が幕間喜劇のごとくに政権を掌握しようが、現在の日本の政治に希望や夢をまったく託す気にはならない。

この先一体どうなってしまうのかと不安を感じながら、しばし時間をおいて政情の推移を見守ってはきたが、暗い思いが広がりはじめた。そして今いよいよはっきりと予感するのは、この先の日本には深く永い闇の世が待ち受けているではないか、ということなのである。

政界だけでなく経済界とて先行きは暗い。復興期には大いに活躍し高い評価を受けてきた日本の経済界ではあったが、その大いなる成功の要因となってきた生産方式と経営に関するノウハウが仲間うちでは大過なく活かされてはきたものの、異分野の新たな市場の開拓となると全くの無能をさらし、経済産業の世界で異分野を切り開く破壊的創造をなし得ず、先陣は切らないまでも充分な成果をあげる地位を築くだけの知恵と勇気と先見性に恵まれぬまま、過去の栄光を振り返るばかりで現実の不安感をぬぐい去ることばかりに専心し、ＧＡＦＡＭの凄まじい成長を傍観視するだけであった。

アメリカはＩＴ産業革命の発源地であるからやむをえないにしても、近年までは工業やサービス産業が我が国よりも遥かに遅れていた中国や韓国にまで、各種の情報サービス業という、さほど高度な科学技術能力を要するはずもない分野においてさえ圧倒的に先を越されるという、情けない状態に置かれてしまっている。

人口も面積も日本の約半分の韓国が、北朝鮮からの侵略に怯えて国民に兵役の義務を強いているというハンディを背負いながらも、日本のＧＤＰを追い抜こうとしているのだ。

たしかに国民の衣食住の質と量にはばらつきがあり、それゆえ完全に充分とは言えないまでも、一応は衣食住が足りたのではないかという経済状況に、過去のある時期の日本が到達していたことは事実であろう。

そしてこのことは、当然であるが復興繁栄とは異なるきわめて重要な問題を、日本の政治と経済に与えることになったが、それに気づいた人は少なかったのではないか。

要求されていたはずの政治と経済の質的転換

その重要な問題というのは、即座には納得や理解ができないことでもあり、それゆえに知覚も認識も容易ではなかろうけれども、衣食住が足りるまでと、衣食住が足りた後とでは政治と経済の次元が異なってしまうということである。言い換えると、「復興と繁栄」ということではない新たな課題と目的とが、当然ながら経済にも政治にも求められるということだ。

衣食住が足りるまでの政治と経済は、それまでしてきたことをまっすぐ、しっかり確実に努力継続すればよかったのであるが、しかし衣食住が足りた後の政治と経済はどうあるべきか、という問題に直面し、その問題に気づいた場合は、当然それまでと異なることは分かるであろうから、さてこれから何を為すべきか、ということになるが、それは答えが容易に見出せない問題だったと言えるのではないか。

普通に考えれば、まず旧来の慣行の踏襲ではダメだから、量から質への転換に取り組むという考えに至り、画期的な新製品の開発や新サービスの展開の可能性を追求して新たな目標と開拓領域を見出すことに成功した企業が生き残ることは、大いにあり得るだろう。

経済現象としては、物やサービスの売れ行きが延々と停滞するという状況は比較的分かりやすいから、企業は自動的に対応しやすい。しかし成長期を過ぎた経済にいつまでも成長期と同じ成果を期待するのは大いなる間違いであることも理解しなければならないのでである。

しかし政治の領分は、経済よりも厄介だ。社会的・経済的な状況が土台からすっかり変わってしまった場合にどういう対応が求められるのか、旧来の惰性に乗っかったままで有効な解決策を案出するなんて困難だということは、容易に想像できる。

まさに敗戦後八十年近くも経つというのに、政治の「入力」も「出力」もそれらの「過程」も、ほぼすべての基本形が全く変化しておらず、日本国憲法も全く変化していないわけで、この「改革の不在」を問題にしないとしたら、そういう人は敗戦後のほぼ八十年にわたる激動の時代に深い眠りに陥っていたのか、と問いただしたくなる。しかも自民党が中心の「独裁」ともいうべき長期政権の異常なほどの腐臭をかがされていながら「太平の眠り」に耽っていたのか、と感じるのだ。

だとすれば、なぜ変化しないのか、変化しようとしなかった、その原因を探るという問題意識を日本の政治家は持たなければならないが、そもそもそれが根本的に難しいと思われるのである。

政治権力を有する者が、その権力の獲得を可能ならしめた全ての与件を維持すべく全力投入し、それを念頭に行動するのは無理なきことである。従って与党は無論のこと、野党とて、与党を維持し続けている体制をご破算にするような構想を示すことなど覚束ないし、それを実現させるほどの力になるかといえば、その蓋然性は低い。よほどのきっかけがない限り実現しないということで、現状の政治的体たらくの極みが続いているわけである。「ど～うすりゃいいのさ～思案橋《しあんばし》～♪」という昭和歌謡曲のような半ばヤケクソの状況下にあると痛感すれば反発も出るかもしれないが、昭和の終焉から丸まる一世代を経た「令和」年間の当世において、脳天気な政治家がほとんど……とくれば、もう一層のこと、富士山が大爆発するとかロシアがウクライナ問題にけりをつけて、根室方面に上陸でもしてこない限り、自公連立政権は自らの〝政治的使命〟についてまともに覚醒することはないだろうし、「自由主義」と「民主主義」を御旗にかかげる政権として本質的に「活性化」されそうにもない。

そうした現実的な国難が仮に日本を襲ったとしても、この国の政府は「合目的」的に新たな対応をするのではなく火事場の後始末だけで、何ら改革などできるわけもなく、まして明治維新に匹敵するような抜本的な変革運動など、起こりえないことは確かであろう。

こういうことは承知の上で、夢物語では終わらない日本の新しい政治のありようを示し、まず実現を目指せというのが本書の主旨である。

「パンとサーカス」

大衆迎合政治の腐敗と停滞のありようを「パンとサーカス」だと喝破したのは、古代ローマの詩人ユウェナリスだという。だがこの「パンとサーカス」の世情は、現今の日本にもぴったりと当てはまる。たとえ「その日ぐらしのパン」しか得られない窮乏状況に置かれていても、日々のパンにあり付くことができて、それで自動車レースや競馬・競輪・競艇やサッカーやオリンピックの金メダルや野球の大谷選手がいれば、人々は満足してしまい、「暮らしの改善」を実現すべき社会的手段である「政治」への関心を失ってしまうという現状である。これはまさに日本の政治と経済の、現今の、眼前の情景なのであるが、そうであったら困るぞ、と私は言いたいのである。

人々が衣食住に一応満足し、「サーカス」と呼ぶべき国民的娯楽、もっと言えば「時間つぶし」が政府主導もそうでないものも山ほど供されている現状を見れば、ユウェナリスが指摘してきた亡国的・危機的情況が噴出していることは明らかである。

日本の政治の場合は、政治家がモラルを喪失し、規則や法や憲法を手前勝手に解釈し、更には「補足的説明」などと称してあからさまに稚拙な文言で違反事実を「違反にならない」と強弁する醜態を世間に晒している。自民党政府の行状は、ピストルを持ったやくざの脅しの文句よりも劣り、手前勝手を「正しい」と強弁する偽りの「法理」を人々に強制してしまうので全く凶悪なのであるが、こういうことが堂々とまかり通り、身勝手きわまる独裁的・泥棒的な「政治」が行われ、封建時代の貴族制度じゃあるまいに世襲の政治家が止めどなく増長しているわけで、その具体像が自公連立政権の現状に他ならない。

もしかしたら日本の国会議事堂には小さな隠し部屋があって、そこで元首相の子供たちが集まって「今度は○○ちゃんが首相ね」などと話し合っているかもしれない。彼らが本気で国民の幸せを考えるはずはないだろう。彼らこそ四民平等、主権在民の民主主義に嫌悪と恐怖でめまいを感じ、今や「世襲貴族」の地位を確立した自分たちだけが安住できる管理社会を築き、しっかりとした身分制度を作ろうとしているのだろう、と考えざるを得ないのだ。

だから権力者の側から革命的な破壊を伴うような〝立て替え・立て直し〟の政治的意思が現れるはずもなく、ただ沈滞する空気が広く漂うようになる。

〝立て替え・立て直し〟を切実に求める危機感というのは、本来、政治と経済のありようが本質的に変わる覚悟、すなわち今まで通りではだめだと感じられるか否かということであるから、それを痛感するなら、その後の対応も変わってくることになる。

政治家の独善を抑止する機構と権力が必要

日本が民主主義政治を掲げる以上、政治家は自ら率先して具体的な政治方針と政策群を国民に呈示し、突っ走るのではなく、多くの国民に賛同が得られるように誠心誠意、説明を尽くして、大多数の国民の支持を取りつけたうえで実行に移していくしかないのである。

この時、政治家の独善と行き過ぎによる災禍をできるだけ少なくしていくための配慮が必要なのは当然であるが、そのための仕組みと統制的な権力はいかなる政体であっても常に持っていなければならないはずである。

こういう仕掛けが現体制に備わっていなかったこともまた、体制の凋落を押しとどめられなかった大きな原因だということに、気づいている国民が果たしてどれほどいるのだろうか。

少なくとも敗戦前の真珠湾奇襲に至る過程で、どこかにそれを抑止させられる機構があれば、広島・長崎への原爆攻撃を迎え入れることにはならなかったわけである。その失敗と無念を思えば、今日の日本の政治への改善策を見出すヒントにはなるのではないか。

政策をめぐる判断決定に、国民がいつでも関与ができてその量が一定以上になれば、修正要求にていねいに対応しながら国民を導いていく気構えが政治家に要求されるようになる。政治家の独善と恣意が絶対に許されないような制度を確立するのである。

これからの政治家は、日本が向かうべき国家目標を掲げてそれを実行に移す覚悟と責任と能力が、厳しく求められる。そしてまた政治の原理と実践は、絶対的な民主主義を追求するものであらねばならない。

すなわち現今の日本の「議会制民主主義」のごとき、一部の特権〝選良〟たちが議事堂の裏側で独裁政治を進めるような擬制であってはならない。主権者一人ひとりの意思や考えが正確に計量されて正確に政治の決定の場に反映される、文字通りの民主主義政治を大前提にせぬかぎり、大きな国家目標や革命を語ってはいけないということを、日本の政治家の諸君に付言しておきたい。

日本の政治家の現国家体制に対する責務

私は敗戦直後から今日に至る国家体制を敗戦復興体制と呼んでいる。この体制は国民大衆の衣食住の要求を曲りなりにも満たすことができたけれども、そこから先の新たな国家目標、あるいは理想とする体制を示しえず、暗中模索している。こうした現状をみれば幕末時期の日本に比肩しうると思えるのである。

そう考えるなら今の時代だって、幕末期に明治維新を迎え入れて断行した歴史の先例に素直に倣い、日本の政治家たる者は、明治維新と同様の思いきった「維新」――革命と言い換えても充分に正しいが――を決行する覚悟で、抜本的な政治改革、民主革命に打って出なければならないはずなのだ。国政が腐り果てて壊死しつつある現状において、この〝救急の大手術〟の必要性を感知できない者や、感知しながら実行に移す志操のない者は、政治家をすぐやめるべきである。

そういうわけで私は、自公連立政権が迎えなければならない「第二維新（近代日本の第三革命）」の具体的なありようとその意義は自覚できたので、政権側の政治家には受け入れられないことを承知の上で、読者諸賢に披瀝しなければと考え、本書を著したわけである。

私の提案に御理解、御賛同を頂ければ勿論ありがたいし、これを叩き台に用いて更に構想を練り上げて、御提示いただけるなら本望である。そしてまた、私の提案に異議があり、これとは別の構想を御提示いただけるなら、それもまた私の望むところである。一個の提案を衆議で発展させ、対案が出て、弁証法的な展開ができれば、これにまさる喜びはない。

「第二維新（近代日本の第三革命）」は明治維新と異なり、開国を迫る外国の圧力が存在しないことは、今はプラスと考えておこう。しかしそれと同等かそれ以上の、外国からの圧力がこの国を圧迫している現状を、認識すべきである。

百七十年前にはペリー提督の「黒船」艦隊が浦賀に強硬来航し、軍事的脅威で日本を強引に「開国」させた。その後、太平洋戦争で日本を負かして占領を遂げたのちは、アメリカは今日に至るまで延々と日本国の政治家や産業人を盗聴までして監視干渉を続け、秘密裏に日本の政治や経済をゆがめて自ら有利になるように「操縦」し、それればかりか治外法権を認めさせた日米安全保障条約を日本に強いて、そのうえ航空管制権まで剥奪し続けている現状がある。これらの事実はれいわ新選組の山本太郎氏だけでなく自由民主党の政治家たちも十分に分かっているのだ。

私には、なぜアメリカの植民地状態に置かれた日本奴隷従属的な現状に彼らが我慢できているのか理解できない。しかし我慢している事実があるのである。その対米〝奴隷〟に甘んじる心理を何とか憶測しようとするのではあるが、論理的に理解しようとしても無理である。アメリカは安倍元首相の携帯電話まで盗聴していたというから、日本政治の深部に潜んでいる恥部やら、犯罪など、アメリカに自由民主党の政治家の弱みを握られて「NO」とは言えない政治的状況ができ上っているのかもしれない。

しかし「第二維新（近代日本の第三革命）」開始までには時間的に若干の余裕があるともいえる。これは改革の進行が緩慢になるという弱点でもあるが、今は、〝大慌てのドサクサまみれの革命〟を期待しないことがストレスに圧し潰されないための方策になると信じることにする。

いずれ日本は明治維新につぐ「第二の維新」を構想し、敗戦の頸木《くびき》を解いて正真正銘の独立を果たし、日本経済の基盤を強化して江戸時代的な自立体制と他国からの侵略を許さない国家体制を築いて行くであろう。私は、若い世代の活躍に期待をかけたい。

1　現国家体制を崩壊に追い込んだ政治家たち

自公連立政権の崩壊

なぜ自公連立政権は崩壊の極みに陥ってしまったのか、その原因を考えることから始めたい。

日本の政治が腐敗した茹でガエル状態を示すに至ったのは、現在の日本の議会制民主主義という制度が政治家、すなわち自由民主党政権の悪意に晒されたことで生じた機能不全と、それへの対応策の欠如に原因があると思われるので、この問題についてここで考察をすすめていこう。

先ずもって、そもそも「議会制民主主義政治」という制度が「民主主義」という看板を堂々と掲げているということの欺瞞性とそのからくりを解明し、真の民主主義政治の概念を明確にする必要がある。この作業を踏み台にして、民主主義政治の本当の可能性を引き出すための新たな民主主義の論理が用意されなければならないのである。

言い換えると「議会制民主主義」では「民主主義」政治にならないので、もう一度、明治維新と自由民権運動の初心に立ち戻って、日本近代政治の勘違いの道程を訂正をするという大掃除が必要になる。

民主主義政治が本物であれば、この国の主権を有し〝政治の主人公〟である国民の主体的な政治決定が可能なはずだから、そうであれば、国民自身がうんざりするまで自公連立政権を放置しておくはずはない。そうでないということは、日本の政治は民主主義政治ではないということである。

今の選挙制度が自公連立政権を生み出した

同じ自由民主党政権でありながら以前は考えられなかったようなことを、今の自由民主党はやっている。

考えられないような暴政や不良行為の数々を詳細に書くときりがないし、また知っている人には無駄になるが、有権者国民の大半はこれらの噴飯たる事実をあまりにも簡単に忘れてしまうようであるし、この内容に改めて触れなければ、現状のどこが悪いのか理解もされない。「自由民主党以外のどの政党もこれより優れた政治はできないし、やった試しもない」などと信じ込んでしまっている自由民主党政権の熱烈な崇拝者もいるので、念のために以下に記述しておこう。

とにかく凄まじい、どうしようもない失政の数々なのである。

まずは犯罪的なカルト集団との、腐れきった関係から。キリスト教もどきの体裁で、悩み多き大衆を誑かし、高額の〝お布施〟を強要して莫大な資金を集めて韓国の本部に送り、信徒同士を強制的に結婚させて夫婦ばかりかその子供までも教団の搾取の〝生贄〟として利用し続けているこの自称「宗教団体」によって、多くの日本人が騙され、ひどい目に遭わされていたのは重大なる事実であり広く報道されてきた。

そのインチキ教祖と特別の関係を、あろうことか、日本政治の中枢で衆議院議長や――この人物はマスコミから質《ただ》されて見苦しい態度で誤魔化していた――を皮切りに、上は内閣総理大臣（自由民主党の総裁）から下は数多の陣笠議員まで、教団の〝広告塔〟を務める見返りに選挙運動で教団信者たちの労働奉仕を受けるという〝持ちつ持たれつ〟の腐れ縁で、教団に御奉仕しながら利益を得てきたのだ。その怪しい関係が世に知られると、色々お世話になった恩義ゆえ今度は手のひら返しに知らぬ存ぜぬを決め込み、一切関係アリマセンと嘘をつきまくる。幹部との仲良し写真や録音記録まで暴露され、教団信者の一家崩壊や自殺者まで出す被害の実態を知らされているのにである。

そしてまた自由民主党は姑息な細工を施して政治資金を「規制した」ように見せながら二〇万円以下は授受関係を隠蔽し、多くの関係企業から金を集めまくり、その金の使途を不明にせざるを得ない手口で使い果たした。それがために、その処理も馬鹿のように杜撰で、文字通り「簿外」会計にせざるを得ず、そうすればすぐ脱税と疑われることになるのだが、その犯罪を摘発すべき検察も国税庁も人事権が自民党政権に完全に握られていて〝無能な番犬〟にも劣る腐敗官庁に堕落しており、かくして自民党は〝吠えない番犬〟を眠らせたまま、総理総裁から陣笠代議士に至るまでが組織一丸となって、不正な政治工作資金の授受とその資金洗浄《マネー・ロンダリング》に精出し続けたのであった。

こういう極悪の連中が文部行政を牛耳って自由民主党内で一大勢力になり、オリンピックに絡む汚職疑惑事件まで引き起こしている。罪を罪とも思わない、順法精神どころか道徳心のかけらもない、こうした自由民主党の多くの国会議員が、こともあろうに道徳や倫理を子供たちに教育し指導する実権を握って教育界まで支配してきたのだ。

教育現場が混乱と荒廃を来すのは当然のことだ。

こんな政治腐敗の現状を見せつけられれば、日本は世も末だと悲観しても早とちりとは言えまい。

武力を用いて内戦を起こして自公連立政権を倒すといった類いの「革命」は笑止千万だし、悲惨である。そんなことをしなくても、議会制民主主義にだって「革命」の可能性は残されている。選挙で自公連立政権を倒し、革命思想を有する政権を国民が支持すれば、革命はできるのである。武力など用いずに革命を起こさなければならない。

この国の主権者であり有権者である国民大衆がそうした可能性を認識するのは通常は難しいが、自由民主党政権の病状がこれほどひどく現れるようになっているのだから、選挙による政治革命が実現する好機の到来は意外と早いように、私には思えるのだ。この楽観論が、私の考えの弱点にならないことを願うばかりなのだが。

更に具体的に指摘すれば自民党の超長期政権は、一三〇〇兆円を遥かに超える返済不能の膨大な「国家の借金」（＝長期債務残高）を拵《こしら》えてきたし、敗戦後八十年近く経っているのにアメリカから強要されたるままに「集団的自衛権の行使可能解釈」を放《ひ》り出《だ》したことで、自民党政府は自衛隊員を「自衛」以外の外国の紛争や戦争の〝人身御供〟に差し出すことで、アメリカへの忠誠を証す体制をつくった。このことにより岸田首相は国賓待遇を受け、ワシントンの両院議員たちから激賞されたが、アメリカ中央政界に誉めそやされるほど大きな負担を日本国は背負わされたということなのだ。

「独立国」とは名ばかりの〝従米隷属〟政策を無理押しして、無責任きわまる〝売国〟暴政を続けている。たとえば安倍政権以降の、自衛隊を米軍の〝二軍〟として他所《よそ》の戦争に差し出すという所謂「集団的自衛」体制の強引な推進である。

アメリカは日本を、自分の思い通りになる「子分」、もっと言えば「属国」と見なしている。なぜそんなことが可能になっているかといえば、そもそも自由民主党という政権政党の政治家たちを侮蔑しているからである。

「集団的自衛権」なんぞは日本にとっては何一つ有利なことなど無いのだが、自由民主党政権が対米迎合の対応を示せば、アメリカは自由民主党政権の苦しい事情などお構いなく弱いと見て付け込んでくるのである。最近では米国本土を守るために自衛隊の出動を要請するほどのつけあがりぶりを、アメリカは自民党政府に示している。

沖縄では今も相変わらず駐留米軍の兵員による犯罪が多発している。いつまで日本はアメリカに屈従せねばならないのか。しかも現行憲法は第九条を堂々と掲げているのに、最高裁判所の人事権が自民党政権に牛耳られてしまっているせいで、日米安全保障条約が違憲であるか否かすら日本では独力で決着がつけられず、その駐留米軍に「思いやり予算」をつけている奴隷なみのお人よし加減に目を向ければ、こういうことを容認してきた自公連立政権というのは亡国の物乞い政権だと断定するほかない。

敗戦でいちどは潰滅したこの国が、「新生日本」の復興の礎として恒久平和を希って建てた現行憲法が、長年にわたって厳しく「違憲」とみなし、決して許そうとしなかった「集団的自衛権」行使の「安保法制」立法を、驚くほど安直にやらかしてしまう。まるで憲法なんかどうにでもなるような振る舞いだ。その上すぐにでもガラクタ化してしまう米国製の武器購入を〝ショッピング依存症〟の患者のように分別なく行っている。

仮想敵国がすべて核兵器の重装備をしているときに、国防予算を倍増してアメリカの戦闘機を購入してどうしようというのか。

こんなものは少なくとも日本にとっては、かつて大艦巨砲主義で戦艦大和や武蔵を莫大な巨額を投じて造ったのと同じことなのだ。こういう〝お道具〟崇拝の愚劣がどうして分からないのか。いや分かっているかもしれない。だとすれば、アメリカに気に入られようとしているだけだ。

そんな愚行を機械的に反復してきたせいで、日本はいつまでたっても自力では仮想敵国の脅威を抑制できないままアメリカに従うばかりの「忠犬ハチ公」国家なのである。沖縄に駐留米軍が貼り付いているせいで「ソ連」時代から現在のロシアに至るまで領土返還のめどが一向に立たない北方四島の問題も、竹島や尖閣諸島の「領土帰属」問題も、深刻化するばかりで改善される様子がまったく感じられないのだ。「安倍外交」とは一体何であったのか?

旧「共産圏」の、たとえばルーマニアなどの独裁政権の腐敗ぶりを連想せざるを得ないのだが、自民党は永く政権を握ってきたために、さほどの指導力も権力も持たないにもかかわらずいっぱしに独裁者ヅラして、政権批判の番組を放映したら電波を止める可能性もあるぞ、などと放送局を脅迫したのであった。この高市早苗総務大臣(安倍内閣当時の二〇一六年)による言論弾圧の脅迫を、立憲民主党の小西洋之参議院議員が(二〇二三年三月に)内部告発の証拠を付して国会で追及したら、慌てて「その証拠書類はでたらめな捏造である」などと言いはり、そういう事実はないと頑固に否定し続けたものの、結局は総務省が正式な同省の公文書であると認めざるを得なくなり、自民党政府、とりわけ総務大臣の高市早苗は、嘘がバレて赤っ恥を掻いたわけである。

日本学術会議の会員任命に関しても、自民党永続政権は、東欧の最末期の社会主義政権のような愚劣きわまる独裁ぶりと慢心を、広く世間にさらし出した。自公連立政権の政策に異議を申し立てた学者の任命を意固地になって拒む内閣総理大臣（菅義偉）は何様のつもりなのか。敗戦前の治安維持法を思い起こさせる思想弾圧をこうして、現実にやらかしているのだ。

内閣総理大臣になればなんでもできてしまう、という幼稚で愚劣な思考習慣が自由民主党の議員の「先生《センセー》」どもに根づいてしまい、また周りにいる者たちも、忖度合戦で、「先生」御本人が気づかないように配慮するものだから、有害無益の〝裸の王様〟になり果ててしまっているのかもしれない。

これだけ書いても自公連立政権の恥辱と犯罪のすべてが暴かれたわけではない。ニッポンは政治はダメだけど経済だけは優れているなどと評価されてはきたが、経済の主体は経済人であって政治家ではない。だから経済での日本の成功面があれば、それは経済人のものであって、自公連立政権の政治家の「貢献」を称えることなんぞ、そもそも筋ちがいなのだ。

経済領域に政治が関わる場面というのは、一億二千万人を超える国民の生存にとって必須の食糧とエネルギーを如何にして自足可能な方向に持って行くか、という政策の立案と執行に絞られるわけである。けれども現実には日本は食糧もエネルギーも自給など到底まならず海外からの輸入に依存せざるを得ない。こうした必須の資源を外国から買うために、日本は工業製品を輸出するとか、サービス業の輸出や、インバウンド観光によるサービス業の収益に頼るしかない。

そもそも日本は狭小な島国だから、無尽蔵の天然資源を売り捌いて国内経済を回すという芸当はできない。日本経済の、この宿命的な制約は、徳川幕府が「開国」して以来の、日本の死活的な課題であった。しかしこれは、日本が「開国」してから百七十年を経た今も、まったく改善されないままなのだ。

それだけでない。一九八五年のプラザ合意で一ドル二四〇円台だったニッポン「円」の対ドル為替レートは、一九八七年末には（対ドル購売力が二倍に飛び上がるという）一二〇円台の超円高になり、日本の輸出産業にダメージを与えることになる。更に一九八六年には日本の半導体価格の競争力を決定的に落とすことになった日米半導体協定が締結に至ったわけである。この協定によって、それまで世界で五〇％の市場占有率を占めていた日本の半導体業界は今は見る影もない状態となった。

　自民党政権は、自国民の経済を安定しきれていないのに、その当然の論理的帰結である人口減少を恐れて今ごろになって育児世帯に端金を給付するといった類の弥縫策を乱発し、国民の出生数を増やそうとしている。八十年前の戦時中に兵隊にするために「産めよ増やせよ」とやったのと同じことをしようとしているのだ。

　ひとの人命《いのち》を何だと思っているのか。年金制度が維持できなくなるから景気を底上げするために子供を増やせというのは戦前のファシズム体制と同じではないか。だから日本が攻撃されてもいないのに、世界のあちこちで他所の国々の国内問題にちょっかいを出して今や〝世界の厄介者〟になっているアメリカを助けるために自衛隊員を派遣するなどということを、「閣議」というオトモダチ政治の謀議の場で、独断で決めてしまえるわけである。

　生まれてくる子孫の全生涯を保障しえる態勢を充分に整えてから政府が積極的に人口減少対策を打っても、戦争にでも巻き込まれない限りは時機を失するということにはならないはずだ。それよりも首都直下型の巨大地震や東海・東南海・南海大地震のように既に発生が想定ずみの圧倒的な自然災害に襲われたとき、どうするつもりなのか。徳川幕藩治世は二百六十年以上も続いたわけだけど、その末期は火山の噴火や大震災が続発し、大飢饉が起きて経済が疲弊して社会不安が幕府の統治を揺るがした挙句に、「黒船」来航を契機に「尊皇攘夷」反乱が高揚して幕藩統治が潰えたわけであった。

だがそれにしても江戸時代は食糧も建築資材も外国からの輸入に頼らずに全て自給自足していたわけだから、それに比べれば、あらゆる資源を輸入購買に頼り切っている現代日本のほうが、ひとたび潰滅的な災害に襲われて経済が崩壊したら、災害復興どころか、辛うじて生きのびた民衆の生存を支えることすら覚束ないであろう。

それにまた、二〇一一年三月の東日本大震災のときに被災して爆発炎上した東京電力・福島第一原子力発電所の「廃炉」になった残骸は、事故から十年以上たった今もなお、炉心溶融で生じた致死的「高レベル放射能」にまみれた燃料残骸《デブリ》を取り出すことすらできずにいる。高度経済成長期にむやみやたらと建造されて、炉齢が四十年を超えた老朽原発の群れについても、廃炉や使用済み核燃料の処理のメドは全く立っていない。そんな現状なのに、今また更に原発に頼ろうとしているのだ。これほどの惨状を社会の全般に呈するほどに、日本の国政を腐らせてきたわけである。自民党政権の政策は愚劣さが極立っている。

以上のような多くの未解決の諸問題を抱え込んだまま、自主性に乏しく、主権者である国民を尊重せず、ウソをつき通していて愛国精神が見事に欠落しているとしか見えないような自由民主党政権なんぞ、どうなっても構わない。しかし、私たち日本人は「あれは自公連立政権の不始末だから知ったこっちゃない」などと言って悪化していく事態を放置するわけには行かないのである。

自公連立政権の犯罪的な大失政を完全に清算して、腐敗して懐死しつつあるこの国全体の政治を、民主的で平和的な体制へと創り変えることができるようにしていくことが、これからの日本政治の最重要課題だという事を、自公連立政権の後を継ぐべき新たな政権、政党は強く自覚して、少しでも事態が改善されるような制度的機能を確立させて行かなければならない。

こう考えると、そうした重大責務を負うべき新政権は、旧自公連立政権に関与した政治勢力ではなく、できる限り新しい政治勢力によって創出されねばならないことになる。

とはいえ、少なくとも今までどおりの手順や方法では「新しい政治勢力」など生まれるはずはない、と考えねばなるまい。

つまり、これほど酷い大失政と政治的荒廃を招来せしめた大半の責任は自由民主党（の国会議員）にあるけれども、しかし同時に、無能のきわみで我欲にまみれ時に悪意を持つ政治家を、輩出せしめた現行の選挙制度を含む「議会制民主主義」制度やその他の司法・行政権力機構の諸判断や決定にも、その責任はあるのだ。

日本国憲法の番人であるべきなのに、この重大使命を蔑ろにして政治腐敗を黙認し、長年にわたって自由民主党に選挙で投票してきた多くの国民も責任は逃れられない。が、逃れられないといっても今まで自由民主党に投票してきた国民の多くは相変わらず自由民主党に投票し続けるであろうから、国民の自発的な良心や反省に頼って政治の刷新を図るなんて到底期待できない。

であるとすれば、思いきった、既存の〝通念〟を超えた有効な手段を考案して打って出るほかないのである。

単なる政権交代で満足するような政権では、前政権の汚物処理でことを済ませてしまうだろうから、日本の未来を託せるものにはならないだろう。

そしてこう考えれば、まず野党に政権を担わせるべきだという話になるはずだが、ここにも大きな壁がたちはだかっている。少なくとも従来の、日本の野党は、自民党的な政治腐敗を一掃しうる能力がないのだから。

これまでの自公連立政権の国政破壊の現状を前にして日本の野党はどうしていたのかと言えば、ほぼ無力であった、自らの無能と混乱を世に曝すばかりであった。

なぜ堂々と自公連立政権に対する戦いを展開し、継続させ勝利を収めることができなかったのか。かりそめにも独立した「政党」を構えている以上は、対立する政党・政策の部分否定なんかで「対立」しあうなどということはありえないのである。そういうものは無意味でしかないのだ。正しい全否定の問題意識を持たない野党の存在価値は根本的にはゼロと同じである。

なぜなら、部分否定の論法で「否定」した「部分」を与党が取り入れてちょっと体裁を変えたり修正をしてしまったら、その瞬間に野党の存在価値は当然ゼロになってしまう。だからこそ与党が絶対に取り上げられない政策をかかげる共産党の存在価値は不変なのだ……ということにはなるのだが。

なぜ自公連立政権を全否定できるような対抗的な政策綱領を出すことができず、国民運動を展開して選挙で勝利を収めることもできずに、終始「万年野党」であり続けたのであろうか。

残念ながら悪政は「悪政」だという理由で簡単に消え去ることはない。どんなに悪政であっても、その「悪政」の政権を維持せざるを得ない場合もある。更に、日本にとっては「悪政」であっても、それが経済的な目先の利益とか外交上の目先の利益になるならば「国益」にかなう、という場合だってあるだろう。しかし、そんなものは例外にすぎない。自民党と公明党の連立政権はとうの昔に政権の座を追われて然るべきであった。

そうならなかったのは、よく言えば野党の怠慢。悪く言えば、政治的創造力の無さ、ということであろう。そして議会制民主主義という制度の本質的弱点がやはり野党には付きまとうことになる。

野党が国民のためになる提案をしても与党に国会などで負けてしまうような制度は、そもそもその制度を支えている原理に問題があるし、野党のままでいては国会議員としての役得は少ないので、野党のふりしていながらいつか与党に紛れ込もうという権力亡者のような野党議員も出現してしまうのだ。

まことに野党は弱い存在であり、その野党に力を持たせることだけが、与党の悪徳政治に枷を嵌め、自分の利益のことしか考えない自己中心主義的政治に制御をかける唯一の方法だというのに、それを理解できず野党叩きにうつつを抜かしている愚かな国民にも基本的には政治崩壊の現況に対する責任があるのは当然のことである。「自由民主党に任せる方が野党に任せるより安心だ」と言い放つ人がいて、そういう人にその理由を聞いても説明できず、漠然と自由民主党を支持しているわけであるが、こういう衆愚が日本の政治を貶めているのだ。

現今の政治崩壊に回復改善の見込みが立たないのは、今の政治の土台となっている選挙制度が、国民の道具となっておらず自公連立政権の〝利権維持装置〟になっているからだ。それゆえ選挙制度をどう変えるのか、あるいは選挙制度が変わることで政治がどう変わるのかを塾考することこそが、民主主義の実現を求める全ての国民の急務の課題となる。

自公連立政権からは改革案など生まれてくるはずはない、と断言してよい。

選挙を行って民意を吸い上げ政治に反映させる、と御為ごかしを言いながら衆議院を解散して総選挙をやらかすほどに自由民主党の政治家はずうずうしいのであるが、実際の選挙は「民意を政治に反映させる」方策からは程遠く、そんな美辞麗句とは真逆で、政治家が国民を押し黙らせる〝ガス抜き〟の道具になっているのである。

しかしいまだかつて発揮されたことはないが、選挙は、明治維新以来の古式ゆかしい方式とはいえ、国民が政権を倒す武器になりうるわけで、これこそが民主主義社会における選挙の究極的な機能なのだ。

こういう機能を忘れずにいつの日かそれを爆発的に全面展開させれば、凶悪な権力を長年握り続けてきた自由民主党政権を倒し、二度と政権を握らせないようにもできるだろう。選挙のこの究極の機能に望みをかけて、これを活用することで明治維新に次ぐ第二の維新を引き起こすための提案をしたいのである。

真の民主主義政治とは

自由民主党の政治は「民主主義の政治」であるはずはない、と断言しても的外れという非難は受けないと思うが、それでも自由民主党政治は「議会制民主主義」という制度の下で行われてきたのだから、結果はどうあれ日本の政治は「民主主義政治」だと言われれば、言葉の綾としてなら確かにそういう物言いは成り立つわけで、この言葉遊びを額面どおりに信じている人も多い。

そこで、民主主義政治とは本来どういう政治であるのか、私なりの定義づけをしておきたい。私は、アメリカの第十六代大統領リンカーンが一八六三年にゲティスバーグの古戦場で行った演説の結びで述べた「人民の人民による人民のための政治を消滅させてはならない」という表現こそが、民主主義政治の真髄を充分に表していると考えるのである。

現在の日本の政治でいえば、人民というのではなく国民にして、「国民の国民による国民のための政治」が民主主義政治ということになる。

この観点から見れば、スイス、アイルランド、ニュージーランド、イギリス（ブレグジットの時に国民投票を用いたが）以外には、世界広しといえどもこの三つの条件を満たす政治を行っている国家は見当たらない。すなわち民主主義政治を採用している国家は、この四ヵ国しか存在していないと言える。

少なくとも、「国民の」と「国民のため」という表現についていえば、意味内容が厳密に違うとは言えないし、政治家たちとて自分の力量を「国民のため」の政治に多少なりとも投入する姿勢は見受けられるのである。しかしそもそも、「国民のため」に〝滅私奉公〟する「決意」を公言したり、そうした素振りを選挙民に披露せぬかぎり、選挙で勝ちあがってこれないという現実がある。

また、国家主権の帰属という観点から、「国民の（of the people）」政治という表現を考えてみると、その帰属関係そのものは目に見える形では示し得るものではないから、あくまで形式的、名目的にならざるを得ない。要するに「国民の政治」とか「国民のための政治」と美辞麗句を掲げたところで、現実の政治が「国民の」ものか「政治家の」ものかは、たいして問題になることはない。だがそれゆえにこそ、民主主義政治の三要素の内の「国民による」だけは政治が民主主義か否かを確定させる決定的な要素になるぐらい重要なことになる。

つまり「政治家（代表）による政治」であれば、「国民の政治」ではなくそれは「政治家の政治」でしかないわけで、通常、国民は政治家によって演じられる演劇の単なる観衆の一人という立場に置かれることになる。

リンカーンが高らかに宣言した民主政治の理想は、なぜそんな体たらくに陥ってしまったのか？　それは結局のところ、政治家たちが政界で演じている〝三文芝居〟を見せられた瞬間に、自分は観客ではなく主演者ではなかったかという問題意識と自覚を持ち、声を荒げて芝居の中止を叫ぶほどの勇気と行動力を持った優れた人材がいなかったからであろう。

けれども現実には、そもそも舞台はいつも観客を置き去りにしたまま始まってしまい、観客は舞台の演目やその内容・演出・進行に一切、口を出せないようにしてしまっていたのである。

ここがおかしいのだ。国民が実際に政治の判断を行い、決定することができる状態において、初めて政治は民主主義政治となる。

この国民を主役に据えた政治のありかたこそが最も重要で、そこがゴッソリと抜け落ちてしまえば、あとは国民の意思や期待とはまったく無関係に、政治芝居の担い手は政治家だけでなく、軍人であったり天皇であったり、あるいは「主権在民」という概念が日本に登場する遥か以前の時代ではあるが、貴族や武士や大名たちが政治を牛耳るという社会が延々と続いてきたわけで、それぞれの政治芝居の主人公は目まぐるしく容易に変化してきたけれども、つねに庶民、国民は政治権力の蚊帳の外に置かれたままで、収奪の対象でしかなかったのだ。

ここで改めて言おう。「議会制民主主義」の政治は国会議員による政治であって、国民による政治ではない。

そもそも「代表の意思」が「国民の意思」と論理的に一致しているということを説明はできないし、一致しているという証拠も保証もない。国民は自分の考えを選んだ代表者に対して、国会活動の時の判断と振る舞いについて強制できる力なんぞ一切保有していない。だから政治は手の付けられない状態、糸の切れた凧、釣り針から逃げ切った魚も同然の状態にならざるを得ないのである。

その結果、国民の願望や意思が、国会における政治家の意思や考えと偶然に一致することも時にはあったかも知れないが、そのすべてが予め国民が決めた政治であったためしはなく、政治家たちが勝手に押し進めた政策を後になってから〝既成事実〟として国民に知らせて済ませるという「事後の承認」、それも不確かな頼りない不純物の混じった「承認」でしかなかったのだ。

だから政治家や政治学者だけでなく義務教育の段階で「民主主義」を学んだはずの日本国民大衆までもが、なぜ「議会制政治」という言葉の中に「民主主義」という単語を挿入して、「議会制民主主義」と連結して使用できたのか不思議だ。

おそらく、多くの人は権力を握った者たちに騙されていて、それが永く続いてきてしまったために、国民も政治家もいささかの懸念を抱くこともなく、何の違和感もなく「議会制民主主義」という言葉を使うようになってしまったに違いない。政治制度が悪いのではなく政治家が悪いのだという通念が今や日本国民の脳髄を侵蝕してしまっているけれども、それ以上に選挙という制度がいかにも機能不全な代物《しろもの》なのである。政治家たちも恐らくこの詐欺的なトリックに気付いているはずだ。気付いているなら性悪だし、気付いてないなら絶望的に愚鈍であると、言わざるを得ない。

敗戦前の天皇＝現在の国民

現今の日本国憲法は、厳然と「国民は主権者である」と宣言している。

ちなみに、かつての大日本帝国憲法（明治憲法）は、第一条や第三条で国家の主権が天皇にあることを規定し、第四条では天皇が国家元首であり統治権の総攬者であると規定し、また官僚の任免権も天皇にあると規定してきた。つまり天皇がほぼ絶対的な権力者であると決めつけてきた。

しかし、これは実に巧みに小賢しく、権力の実態というものを覆い隠す表現であった。天皇が政治と軍事の具体的な細かいところまで「総攬」することなど不可能であって、政治と軍事はよほどのことがない限り、官僚や軍人や政治家任せにならざるを得なかった。「現人神《あらひとがみ》」などと誇大宣伝したところで、所詮は一個の人間にすぎないのだから、当然のことである。

もし天皇がヒトラーのように実際に軍隊を指揮するのであれば、その弊害は別としても真の実力支配、ウソ偽りなき総攬ができたはずであるが、実際の天皇は政治的実権を行使することのない形式的な存在であった。この明治憲法下の「主権者＝天皇」の規定と同様に、現行憲法とて「主権者＝国民」の規定は形式的で空疎である。まさに現在の国民も

「主権者」だなどと祭り上げられているだけである。

従って「敗戦前の天皇＝現在の国民」という等式は全く正しい。

選挙制度の問題点と限界

改めて選挙という制度について考えておきたい。

選挙は言ってしまえば「公職を担う人を選ぶこと」ではあるが、赤の他人である人物が選挙に立候補し当選したからといっても、その人物に本当に政治的な能力があるのかどうか分からない。

公職選挙の立候補者は嘘はつかないまでも、自分に都合の悪いことには一切触れないという芸当ができる。しかし選挙の立候補者がウソつきであろうが無かろうが、ホラ吹きであろうが無かろうが、そんなこととは無関係に、選挙という制度が抱えている根本的な問題があるのだ。

複数の立候補者の膨大で広範囲な個々の公約を見比べ、更に人物評価し、もし立候補者が現職や前職の公職者であればその過去の実績をも考慮しなければならないわけであるが、その人物評価の結果を現実の政治に反映させ得る手段として、有権者に許されているのが数年に一度の「投票」だけだなんて、「民主主義」とは名ばかりの〝茶番劇〟ではないか。数年に一回こっきり、◯と×の印をつけるだけ、あるいは立候補者の名前を書くだけのこんな投票なんぞをしただけで、一人ひとりの有権者国民の政治的意思を表現するなんてそもそも不可能なのである。

たとえば参議院議員のことでいえば、六年間の任期になるわけであるが、この六年間に内外の政治情勢がどう変化するかは誰にも分からない。選挙というものがカバーする時制は現在と未来である。この六年間の政治に関する自分の主権の行使を、完全に無条件で他者に委任してしまうというようなことは、とんでもなく危険なことだ。そもそも政治に関する自分の考えを、文章にして完全には表すなんてほぼ不可能である。

まして、その詳述不可能な形で頭にぼんやりと浮かんだ〝政治的観念〟を一票に置き替えて、第三者に託すなんていうことはとうてい不可能なのだ。明確かつ特定の一つの政治課題ならともかく、全ての政治課題に関して全権委任など本来は絶対にやってはならないことだ、と言わねばならない。

しかも我々国民が選出した議員が〝彼らの議会〟で決めたことに関しては、それを我々の側で修正することも修正させることも不可能なのだ。我々の期待を裏切った議員に対しては、次の選挙で投票しないという消極的な手段で抵抗するしか、有権者国民には術がないのである。選挙投票を棄権したり〝白紙投票〟することで政治の現状に抗議する、というのは日本の選挙制度の下で有権者国民が執りうる唯一の手段であろうが、これは意味のないことだと思う。

有権者国民が一人ひとりに割り当てられた〝選挙権〟をこのような形で消極的に行使したところで、すでに〝彼らの議会〟で成立してしまった法律や、その法律の下で施行される不本意な政策を反故にして完全に原状回復するなんて不可能なのである。

特定かつ明確な一つ一つの政治課題に対してなら、個々の有権者国民が自分の意思を持つことは可能であろう。だが政治全般の行方を丸ごとひとまとめにして投票行為に託すことなどできないのである。何よりも投票する自分の考えを選挙という一瞬の行為で表明するなんて、完全な形では無論のこと、不完全な形であってもできることではないし、まして自分では思いつかない政治課題について「一票を投じる」ことで意思表示を行うなんて、そもそも不可能なのである。

充分に知りえない人物に、何の制約もなく、大切な全権を委託するなどということがまかり通る「議会制の政治」は、「民主主義」に対する本質的な〝裏切り〟を抱え込んでいるのだ。

このように、本来あってはならないことが選挙制度成立の前提になっているのは明確なのであるから、万事とは言わずとも、せめて重要と思われる政治課題については政治家には総てを〝おまかせ〟などせずに、せいぜい審議検討させるにとどめ、これらの検討結果のそれぞれの長所と短所が一目瞭然にわかるような〝政策選択のための資料〟を議会事務局が作成して国民に提示し、最終決定は国民自身が直接行う、という制度を最優先で実現させなければならないはずだ。

しかし残念ながら、同じような状態が続くと感覚がマヒしてしまい何も考えられなくなってしまうらしい。現状のままで放置されている限り「議会制民主主義」という制度は、政治家と国民との間に不都合な忌々しい問題を生み続けることになる。

つまり有権者国民としては、文字どおり「仕方がない」ので、選挙の立候補者や政党の「政見」や「政策綱領」などを詳細に調べることも検討することもせず、博奕を打つような気分でエイヤッとばかりに投票してしまうか、日ごろから〝贔屓の政党〟を決めておいて、〝ご贔屓〟を決めるからには自分との利害関係もあるていど考慮することになるのでやみくもな選択ということにはならないだろうが、結局はその程度の安直さで与野党のいずれかに投票してしまうぐらいが関の山であろう。

頭の中で精密な方程式を用意して、できる限り未知数を少なくして答えを導き出し、合理的な思考と確信にもとづいて投票した人など一億人を超える有権者の中に――最新の全国「有権者」総数は第二十六回参院通常選挙（二〇二二年七月）の時点での一億五〇一万九千人であったが――一人もいないだろう。

仮にそんな変人がいたとしても、その決心の正しさを誰が証明するのかといえば、その素晴らしい投票をした本人だけだ。

人間が行うあらゆる社会的作為の中で、選挙制度ほど好い加減で無責任なものは他にはあるまい。しかしこのイイカゲンな選挙制度ほど、重大な社会的影響を生み出す作為も、また他には無いのである。

そもそもが、選挙公約というのは、その多くは公約を発表した選挙の時点以後の、未来に関することになる。未来に関する公約がその約束どおり実施されたか否かは、未来のそのまた未来でなければ証明できないはずだ。そういう怪しいこと、事実か虚偽かを確認も証明もできないことを並べ立てて競いあうのが選挙に他ならないのだ。

しかも戦後の国政選挙は衆議院と参議院の両院合わせると一九四六（昭和二一）年から

二〇二四（令和六）年までの七十九年間に延べ五十五回行われていて、これは一年五か月に一度くらいの頻度になるが、これだけの回数でどうやって主権在民を証明できるのであろうか。

要するに選挙の欠点や限界を具体的に記すまでもなく、選挙で民意を国政に反映させることができるなんて論理的に説明できるはずがないのである。

まともに考えれば、選挙とは一升瓶に十升もの水が入ると宣伝しながら〝お人好し〟の面々に空き瓶を売りつけるような、詐欺商法にも似た欺瞞に満ちた制度だと言わざるを得ない。

選挙とは国民と政治家との契約書のない契約行為である

日本国憲法は、その前文において「ここに主権が国民に存することを宣言し、この憲法を確定する」と高らかに宣べた。かくして、日本国の意思の最高・最終の決定権である〝この国の領域内における主権〟は「国民主権」であると定まった。

その「国民主権」と公職選挙制度との間には、欺瞞と矛盾を孕んだ深刻な断絶が横たわっている。

そもそも選挙は「国民主権」の行使をめぐって交わされる国民と政治家との業務代行委託契約なのか、それとも主権の単なる貸し借りなのか、どちらの考え方で選挙を位置づけるかによって、国民と政治家との関係性をめぐるさまざまな問題が見えてくる。

「国民主権」に関して〝委任する者〟と〝委任される者〟との――契約関係の用語でいうなら「甲」と「乙」との――〝当事者〟双方の契約によって成り立つ代行業務は、無条件のままでは万全たり得ないはずであるから、滞りなく業務が遂行されるためには多くの前提条件を設定しておくことが必須となる。

たとえば、金銭の貸借関係のような単純な場合でも、その契約の円滑なる遂行が保証されるための前提条件として、貸借する金額に見合った担保物件が「甲・乙」間で交換されるわけである。

政治家と国民との間において「国民主権」という〝万能の大権〟の貸し借りが行われているのだとすれば、自民党政権が長年つづけてきた「税金ドロボーの売国暴政」のような許しがたい裏切りと逸脱が起こらないようにするための多層的で充分な保証措置を、本来、備えていなければならないはずだ。

ところが実際には「国民主権」を国会議員に預けるだけの立場の「主権者たる国民」か

ら見れば、厳格な保証措置が一切とられていない。

たとえば憲法違反の立法措置がとられるような不祥事が起こった時、本当は「国民主権」を預けていた国民の側から、いつでも預けていた主権を取り返せるような措置が不可欠だし、政治家が誠実に代行業務をなし得ないというような事態——たとえば汚職や疑獄事件や〝令和の日本〟をいま揺るがしている政治資金「裏金」問題のような政治腐敗による国民的「政治不信」——が発生した時には、その疑いが持たれた公職者は、疑いが晴れるまでは公職者たる権能や資格が停止される厳しい措置が必要だ。

「推定無罪」の司法原則は、あくまでも統治者による権力の恣意的乱用を抑止して市民の人権を守るために築かれてきた法治社会のルールであって、権力を乱用する統治者を擁護するための道具ではない。従って、一般国民から「国民主権」を委託されたことによって「特権者」となった公職者に、この「推定無罪」原則を無条件に適用するわけには行かない。

少し厳しいかもしれないが、政治家に対しては推定無罪ではなく推定有罪で、疑われた方が不利益を被るような対応であったとしても、国民と政治家との信頼関係というものを健全に維持するためにはマイナス要因にはならないはずだ。

少なくとも「議会制民主主義」という制度そのものの信頼性を損なうようなことにはならないはずである。むしろ不正行為を疑われるだけで議員活動ができなくなるぐらいにしなければ、「議会制民主主義」政治は健全たり得ないだろう。これに賛成しかねる者がいるとすれば、それは先ずもって「疑わしきこと」に関与している政治家たち自身であろう。「李下《りか》に冠《かんむり》を正さず」という諺を政治家は肝に銘じておくべきである。だからといって政治家はそれほど緊張しなくてもいいはずだ。つねに政治家が嘘をつくことなく、決められたルールを正しく守って国民の付託にこたえていれば、国会議員にも国民にも何の問題も生じないのだから。正直に、無欲に、慎み深く生きる者同士なら、相互信頼関係はたやすく築かれるし、堅固に持続するであろう。

日本国憲法は、その第九九条でこう宣べている――「天皇または摂政および国務大臣、国会議員、裁判官その他の公務員は、この憲法を尊重し擁護する義務を負う」。しかしこれは国会議員に対して「憲法を尊重し擁護する義務を負う」としているだけで、罰則規定もない実に緩いものだから、国会議員が憲法を尊重し擁護することを保障しうるのは、わずかに国会議員ご本人の〝良心〟だけなのである。

十六世紀の「明朝」中国の通俗小説『西遊記』に登場する猿の妖怪「孫悟空」は、三蔵法師の弟子になったのに反抗的で凶暴で、三蔵法師を困らせた。そこで法師は孫悟空の頭に「緊箍児《きんこじ》」という金属製の輪っかをはめた。悟空が手に負えなくなったら法師は呪文を唱えて、この輪っかを収縮させて悟空の頭部を締め上げたのである。これと同様に、国民の側から、孫悟空の頭に取りつけた金輪「緊箍児」と同じものを政治家の頭なり、頭の中なりに取り付けて、その暴走を食い止める工夫がどうしても必要だと私は思うのである。そうしなければ大きな権力を握る政治家たちを国民が管理することなど不可能だということを、「議会制民主主義」政治を採用する際によくよく考え、悟り、その準備をして欲しかったと思う。

しかし、私が本書の後半部で提案することが実現されれば、現在の選挙制度を続けたとしても、現況とは全く異なった政治形態になるはずと信じたい。

議会制民主主義制度の永続性——国民だけでは政治はできない

「議会制」民主主義では真の民主主義政治は不可能であると断言したい。ならば民主主義政治は、有権者国民の全員が、一人のこらず皆、直接に、諸々の政治課題に対して何らかの形で関与して、最終的に全ての政治課題について自分たち自身で判断を下し決定せねばならないのか？　もしもそうした究極の直接民主政の実現を私が皆さんに迫るとしたら、読者諸賢の皆さんは、本書をここで切り上げて、何か楽しい別なことでもするのが得策だろう。

私が主張したいのは、そういうことではない。「議会制民主主義」制度の下で求められる政治家とは、徹底的に国民に寄り添う政治家である。自分の「政治家」としての立場を完全にそぎ落として、「政治をする側」ではなく、「される側」の立場で政治を考え実行する政治家が求められているのだ。

しかし一方で、全ての政治判断や決定を政治家という専門の公務員を交えずにシロウトの国民だけで審議決定していくようなことは非合理的だし実際には不可能であるから、一〇〇%民主主義的なシロウト国民大衆の〝直接民主政〟を実現させたとしても、それは現代における理想的な民主主義政治にはならないであろう。

逆の視点に立てば、国会議員の決定権を有権者国民大衆が徹底的に管理し、掌握する制度を確立できたならば、議会制民主主義は化学変化を起こし「議会制」であっても民主主義政治になっていくことになるはずだ。

「議会制」民主主義という制度は、明治維新以降一八九〇年に第一回帝国議会が開催されてから、すでに百三十四年の歳月を経験してきた(但し、明治憲法下では「天皇主権」だったので、「国民＝臣民」は「主権者」たりえず、民衆の政治的潜勢力を暗示する用語として「民主主義」ならぬ「民本主義」が用いられた)。帝国議会の開会前年に発布された大日本帝国憲法の下での〝この国のかたち〟であった「大日本帝国」は第二次世界大戦で滅亡し、一九四七年の日本国憲法の施行によって新生「日本国」が生まれたわけであるが、この新国家の下での「議会制」民主主義も、すでに八十年近い年月が経過している。

「天皇主権」の旧憲法と「国民主権」の新憲法とでは、二院制議会――旧憲法では「貴族院」と「衆議院」、新憲法では「参議院」と「衆議院」――の役割なり権限にも勿論ちがいがあるけれども、実際問題として「帝国議会」なり現在の「国会」の議員たちが民事から軍事に及ぶ広範な領域の政治のありかたを決めるようになってきたのは確かである。とりわけ百年前の憲政擁護を唱えた国民的大衆運動、すなわち「大正デモクラシー」は、〝超法規的な特権者〟たる「明治維新の元勲」たちが天皇をも〝操作〟しながら行ってきた伝統的な密室独裁政治を骨抜きにして、政党主体の議会政治の権勢を大いに強めたのであった。

大日本帝国が〝日中戦争〟と〝アジア太平洋戦争〟の(但し「真珠湾奇襲」で始まった対

英米戦争の五日後に東条英機内閣はこの二つを合わせて「大東亜戦争と呼称する」ことを閣議決定したのだったが）泥沼にはまり込んでいた時期には、政党は解散を強いられて「大政翼賛会」に合流したので政党政治は一時的に消滅したけれども（一九四〇〜四五年）、日本が戦争に負けて「連合国軍（＝事実上の米国）」の占領下で「大政翼賛会」は解体されて政党主体の「議会制」民主主義が確立したわけである。

かくして戦後の新生「日本」は、政党が――しかし実態はアメリカの傀儡に甘んじた吉田茂の自由党と、それに続いてＣＩＡの秘密工作資金で作られた自由民主党が主体だったのであるが――国政を領導する形態の「議会制」民主主義が、政治を支配することになったのである。しかしこの〝代理人を介した民主政〟は所詮は国民大衆に〝民主政のふり〟を見せ続けておく擬制にすぎず、それゆえ当然の帰結として、「議会制」民主主義の体裁のもとでの政治腐敗が止まることなく増長し、今や日本政治は壊死寸前に至ったのである。これだけその限界やら問題点が分かっていてだんだん劣化していく現状をみれば、何らかの手を打ってその再生を図るというエネルギーが日本の政治に湧き起こるのは当然の道理である。

壊死寸前の「議会制」民主主義を救命できる〝特効薬〟は未だ現れていない。だがもし、重要な政治課題に関してスイス型の国民投票制が採用されれば、今や死にかけとなった「議会制」民主主義とはいえ、速やかに再生されていくように思えるのである。
この点について遊び心ではあるが、試しに、今はやりの《チャットＧＰＴ》に「議会制民主主義」の今後のありかたを尋ねてみた。

＊筆者の質問

議会制民主主義は将来どのようになりますか？

《チャットGPT》の回答——

議会制民主主義の未来については、多くの視点から考察されています。以下にいくつかの視点をご紹介します。

一．議会制民主主義の活用——議会制民主主義とは、選挙で有権者が代表者を選び、選ばれた者たちが審議・決定したことを政府が実行するシステム、つまり「みんなで決める政治」のことである。有効に機能させるには、投票への参加が重要になります。有権者として今、未来をより良いものにするには、どのように使いこなせばいいのか、その成立過程から見直し、提言する。

二．民主主義の刷新——政治を政治家だけに任せるのではなく、市民の発案で法律や予算を提案したり、市民の「熟議（じっくり考え、話し合うこと）」によって政策提言を作成したりする、「民主主義のバージョンアップ」が始まっている。

三．議会制民主主義の問題点——議会制民主主義は代表者を選ぶので、国民の意見を正しく反映できないかもしれません。また、選挙制度によって民意が大きく影響する可能性もあります。

これらの視点から、議会制民主主義の未来は、市民の参加と議論の質を高めることで、より効果的な政策決定を可能にする方向に進むと考えられます。しかし、その過程で新たな課題も生じる可能性があります。そのため、議会制民主主義の未来を考える際には、これらの要素を考慮に入れることが重要となります。（以上）

《チャットGPT》が本当に優れたものであるかどうかは分からないが、少なくとも、以上の回答は私の考えとほぼ一致したのであった。

2　国民への「主権」の帰属が揺らいでいる現状

「国民主権」における国民への「主権」の帰属が揺らいでいる

日本国憲法は、その前文において、〝この国の領域内における主権〟――すなわち日本国の意思の最高・最終の決定権――が「国民に存することを宣言し、この憲法を確定する」と宣べた。つまり「国民主権」は現行憲法を成立させている絶対条件だということだ。

「国民主権」の絶対性を保障する証しとして、日本国憲法の本文はこう宣べている

――「第一五条（公務員の選定罷免権、公務員の本質、普通選挙権の保障、秘密投票の保障）

①公務員を選定し、およびこれを罷免することは、国民固有の権利である。②すべての公務員は、全体の奉仕者であって、一部の奉仕者ではない。③公務員の選挙については、成年者による普通選挙を保障する。④すべて選挙における投票の秘密は、これを侵してはな

らない。選挙人は、その選択に関し公的にも私的にも責任を問われない。」

つまり日本国の主権は国民に帰属しており、その帰属の絶対性の証しとして、すべての成年者に対する選挙投票権を、憲法第一五条で確定しているわけである。(但し、「公務員を選定する」選挙投票権〔＝選挙権〕は第一五条に明記されているのに、「公務員になる」権利〔＝公務就任権〕は憲法全文に明記されていない。第一四条が「すべての国民は、法の下に平等」で「政治的、経済的又は社会的関係において、差別されない」と定めているので、この条文から演繹して国民に「公務就任権」を与えるという仕掛けになっており、国会議員については第四四条で「両議院の議員および選挙人の資格は、法律でこれを定める」と宣べて、下位の法律に〝丸投げ〟する形になっている)。

このことを「国民主権」における国民への「主権」帰属の絶対性と称することにする。

しかし現実の政治の実態をみれば、その絶対性は揺らぎ、とても確定しているとは思えない。国民は選挙でひとたび投票を済ませたらそれっきりであって、選挙の終了後は全くといってよいほど政治について関与することはできず、政治はすべて、選挙で選ばれた代表である政治家が決定してきた。その決定がすべての人を満足させ納得させることはないのだから、異議を抱いた有権者国民は次回の選挙の機会に何らかの形で――たとえば別の候補者に投票するとか、白紙で投票するとか、「棄権」するというやり方で——意思表示をするということで、政治はすべて既成事実化されてきた。

既成事実がいかなる方策を用いても変更することはできないことは、時間を逆戻りできない以上、否定しようのない真実なのだ。

「議会制」民主主義政治と民主主義政治

そういうわけで「議会制」民主主義という制度には、国会における多数派による独裁政治、すなわち本来の主権者たる国民による制御をいささかも許さない政治体制を、我々にもたらすことになってしまっているという〝不都合な真実〟が厳然と存在している。

振り返るまでもないが、民主主義政治は独裁政治に変質することはあってもそれらの併存を許すものではない。

しかし敢えて「民主主義」政治が「議会制」を媒介にして「独裁」政治に変質してしまった事例を、いくつか具体例を挙げて示しておこう。それは二十世紀の前半、第一次世界大戦を体験して〝文明諸国〟が〝恒久平和〟を求めて国際連盟体制を創設したのちに出現した事例である。つまり、第二次世界大戦の引き金を引くことになった三つのファシスト国家、ナチス・ドイツと大日本帝国とファシスト・イタリアが如何にして誕生したのか、という問題だ。

第一次大戦後、この三国はいずれも普通選挙制を導入した。イタリアは一九一八年に二一歳以上の男子普通選挙、翌一九年にはドイツ共和政（ワイマール共和国）が世界初の完全普通選挙を、そして一九二五年には日本も成年男子の普通選挙を実施するに至った。しかし皮肉にも、この「普通選挙」が大衆煽動に長じたファシスト政治家に強大な権力を与え、国政をファシズム体制に追い込んだのである。

ドイツの場合は、第一次大戦で負けて皇帝が外国に逃亡した「帝政ドイツ」が、戦争に勝った連合国（英・仏・米など）の指導的干渉を受けながら世界最先端の民主主義国家「ワイマール共和国」に生まれ変わったが、大戦の責任をすべてドイツに押し付けて領土を分割したうえに天文学的に莫大な賠償金までも課してドイツ復興の潜在力を奪った英仏などの近隣〝先進帝国〟の無情な仕打ちに怨恨《えんこん》を抱いたドイツの有権者大衆が、そのきわめて「民主的な国政選挙」でナチス党（＝国民社会主義ドイツ労働者党）に圧倒的な票を投じて、国会に初登場したときには微力な小勢力だったナチスを議会の主導的な立場に押し上げた。かくして首相についたナチス党のアドルフ・ヒトラー党首は国会放火事件のドサクサに乗じて〝火事場ドロボー〟の如くに、ワイマール共和国憲法の「緊急事態条項」を引き合いに出して憲政を緊急停止し、「総統」独裁体制を樹立して「ナチス第三帝国」を樹立したのである。

イタリアの場合は、そもそもベニト・ムッソリーニは、ロシア革命の立役者であるレーニンが〝筋金入りの革命家〟と称賛したほどの社会主義者で、イタリア社会党の中心的なイデオローグでもあったのだが、第一次大戦の終結直後にパリ講和会議とベルサイユ戦後管理体制が形成される過程で〝戦勝国の一員〟たるイタリアの国益が軽視された結果、国民大衆のナショナリズムが爆発的に高揚しはじめた世論動向に乗じる形で「愛国」的・「階級協調」的な（プロレタリア搾取を容認する英米型の資本主義とも、労働者と資本家の永久闘争をめざすソ連型の共産主義とも違う）〝第三の道〟としての「ファシズム（＝超「階級」的な一致団結主義）」を提起して、総選挙で圧倒的な指示を集めて〝挙国一致〟の独裁政権を、国民の支持を得ながら着実に、確立したのである。

そして『大日本帝国憲法』下の日本であるが、憲政の出発当初は〝明治維新の元勲〟たちが超法規的な隠然たる強権を振っていたけれども「大正デモクラシー」すなわち大正年間の国民的「権利確立」運動によって「議会制」民主主義は飛躍的に発展したのである。

一九二五（大正一四）年の男子普通選挙制度の実現はその最大の収穫であったが、その後、大恐慌を経て政治家暗殺テロリズムが頻発するなかで、ナチスかぶれの近衛文麿が大衆支持を得て、議会政治を〝解消〟した「大政翼賛体制」という名の〝日本型ファシズム〟への道を拓くことになったのである。

こうした歴史的事実があるのだから、「議会制」民主主義政治と民主主義政治は峻別されなければならない。少なくとも「議会制」民主主義政治は、自ら「民主主義」という〝看板〟を取り下げて、「議会主義政治」なり「選挙主義政治」なり「議会制の政治」という〝看板〟に変更すべきである。

なぜ選挙は普通の人間を国会議員にできるのか

単なる一国民であった人間が選挙で勝利すると、たちまち国家主権の行使に関して全国会議員の頭数のうち一票分だけ関与するようになるが、更に与党ともなれば、野党になった議員の実質的な関与権を事実上、吹き飛ばして抹殺し、複数の政党が連合して「与党」を成《な》している場合には国会で圧倒的な権勢を築いているわけだから、そのうちの「一票」として、国家主権の発動に関して巨大な権限を有するようになる。

だから、与党議員たちは堂々と国会に「出席」し採決に参加して「政治」を行っていくわけだ。そこでまことに興味ぶかい問題が立ち現れる。この〝国政の全能者〟とでもいうべき連中の特権を瞬殺してしまうほどの問題を孕んでいるとも言えるのだが、この国会議員について、その〝傍目には堂々〟たる権限の由来については日本国憲法第四四条に両議院の議員の資格は法律で定めるとなっているだけである——第四四条（議員および選挙人の資格）「両議院の議員及びその選挙人の資格は、法律でこれを定める。但し、人種、信条、性別、社会的身分、門地、教育、財産又は収入によって差別してはならない」。

公職選挙法は第九五条でこう宣べている——「衆議院（比例代表選出）議員又は参議院（比例代表選出）議員の選挙以外の選挙においては、有効投票の最多数を得た者をもって当選人とする」。

このように選挙で当選の条件を記していて、特別の資格だとか才能の有無や資産の有無などについては記してはいない。つまり国会議員の資格は、選挙で勝つことだけを〝議員資格〟付与の条件としている。もちろん公職選挙法二三五条に「虚偽事項の公表罪」などを定めて（これは小池百合子・東京都知事の学歴詐欺疑惑に該当しそうである）、資格を剥奪する旨の記載はあるが、政治家としてふさわしい条件などについての規定もないのである。

そこで考えてみる。

選挙というのは、主権者である国民の「主権」行使の権限を、次の選挙までの期間を預かることである。それゆえ国会議員の決定権の正当性が保証されると考えるのか、そうではなく、一旦は国民の有する権限を譲渡されたものだと考え、自由な行使が認められるとし、けれども、その譲渡期間が過ぎたり、もしくは解散などがあった場合、譲渡された権限は〝帳消し〟されて、国会議員は〝ただの人〟に戻るとともに、選挙のため一時的に失われていた権能が国民の手に戻ってくると考えることも可能ではあろう。だが主権行使の権能が戻ってくるにしても国民はそれを直接行使することはできない。

少なくとも主権在民という民主主義の基本理念からすれば、政治課題については専門家の出現に期待して自分たちで直接決定するのではなく、自分たちの主権行使の代行を専門家に任せる方が自分たちのためになるということで、今までは選挙制度が存在できたのであろう。だが第三者に自己の主権行使を完全に委任代行させてしまえば、その代行内容が誠実に履行されるか否かは、預かった政治家の良心に依拠するということになってしまうはずである。

こういうメカニズムでは一〇〇％誠実に履行されるということは論理的には不可能であ

り、物理的にもまた政治家の良心以前の問題として、一人の国会議員に投じられた幾万の、あるいは幾十万の投票で彼らの主権を預かったというふうに見做したとしても、実際には選挙によって個々の投票者の「民意」を国会の場で行使することは不可能であるから、結局、国会議員の独自な考えを強引に「民意」と見做すほか無いわけで、結局、有権者国民の各々が有している一つ一つの「民意」は雲散霧消しまうことになる。

ということは、選挙によって国民主権の帰属が変移した――すなわち「国民から国会議員に移動」した――とみなすにしても、実際には国会議員と個々の国民の間は一種の絶縁状態に置かれるという方が、正しい見方になるに違いないのである。

選挙によって主権の帰属の絶対性に関する揺らぎが生じた結果、さまざまな政治的病理現象が生み出されることとなった。

卑近な例として、選挙制度の欠陥として「一票の格差」がいくら工夫をしても生じるという重大問題があるけれども、もっと根本的な問題である国民主権の絶対性に関する重要かつ劇的な変質については指摘されることは少ないようだ。

更にまた国会議員の選挙に投票する主権者の側にも、根本的矛盾を孕んだ「選挙」による代行政治に頼らざるを得ないために無理矢理の変質現象が生じてしまっているが、今まではそのことには触れないというか、触れても正しい解決策には至らないという思いが常に先だって、結局は放置されたままにされてきたのである。

一人ひとり別人であるのに選挙の時は皆同じ「一」にするのか

国民の側の本質的な重大問題を論じよう。我々の人間としての主体は千差万別である。みな違う。同じところもあるが違いは明らかにある。それにもかかわらず選挙をするときには、そういう違いを一気に〝抹消〟したうえで、このうえなく安直なことに誰も彼も一律に、投票の価値を「一」という数字にしてしまっている。天才も馬鹿も、金持ちも貧乏人も、老人も若者も、男も女もみな同じ「一」で同じだと指摘してきたが、このことの正しい論拠は皆無なのである。これはおかしさの極みだろう。

ここで、それがどうした、どうということはないだろうと、問題にしなければ事案《こと》は簡単であるが、これは大胆なデフォルメ（意図的歪曲）が成されていると見るしかない。

それだけでなく数字に置き変えてしまうのなら、せめていくらかでも個体差を考慮して、「一」だけでなく人によっては「二」や「三」あるいは「一・五」、時にマイナスの数字などに置き換えて〝公民評点〟を「一票」の重みに反映させるというような工夫でもあれば、有権者ごとに「一票の重み」を〝個別化〟するという選挙制度設計の是非をめぐって当然ながら喧々諤々の議論がまきおこるだろうが、少しは論理的な飛躍感が薄まるような気もする。しかしそうした工夫も議論も無きままに、みな同じ「一」にしてしまうというのは、民意に対するデフォルメの極みである。

ところが選挙をめぐる論理的飛躍は、これにとどまるものではなく更に深刻なのだ。頑迷固陋にも、選挙はこういう「一」という数字を足したりひいたり、その大小を比べたりして、その差がわずかに「一」であっても、ある人を国会議員にしてしまったり、ただの人にしてしまったりしている。この段階での算術で厳密な多数決原理を作動させてしまっているのだ。これが正しくゲームのルールなのだから理屈なんぞはどうでもいい、という棚上げしてしまう考え方があるのは分かる。

だが遊戯としてのゲームなら面白ければ本分は果たせるからそれで結構だけれども、政治の裁定はゲームと同じでは困るのである。政治には本来の役割があって、その役割をしっかり果たすような工夫と努力とエネルギーが必要なのだ。

しかし、そもそも政治家にならなければ政治の決定に自分の権利を行使できない、というのがおかしいのである。

だからこそ、もう選挙は民主主義の華だなどと勘違いされている現況を嘆きつつ、私としては「現在の政治が民主主義政治だなんていうことはそもそもご無体な話でござんす」と、切り捨てたくなるのである。

更なる民意のデフォルメ化

幼児のおもちゃのような極めて単純で原始的で、全くないことに比べたら多少は意味があるような仕掛けにすぎないと断定できるほどに、怪しい成果と効用しか見込めない「選挙」という手段を介して出現してきた国会議員たちとて、そもそも彼らの選挙時の得票数はバラバラである。

だから、第八回の参議院選挙（一九六八年）で三〇一万票という最高点を得票した石原慎太郎氏と、次点の一二〇万票の青島幸男氏、どちらもすごい数字であるが、この両氏は参議院における決定権については三倍近い差があってしかるべきであるのに、同じ「一」ということになっている。

これについても、疑問を持たなければ脳天気に日本の「議会制」民主政治を礼賛しても居られようが、そうは問屋が卸さない。この不合理を看過したら日本の政治は窒息死に至るであろう。

三〇一と一二〇は絶対に同じではない。この違いを国会ではどうして無視できるのか、納得できないのだ。

それなのに、選挙時の投票の不合理と同じように、当選議員たちの得票数の明々白々たる格差を〝無いこと〟にして済ませてしまう慣行を正当化する道理などないのにもかかわらず、同じ「一」としてしまうのであって、不正経理や帳簿詐欺も同然の数字の歪曲、デフォルメ化が行われてしまっている。こんなこと許してしまっていいのかと思ってしまうのだ。

こうして「原始民意」(この概念については次節で説明)は、ここでも——選挙そのものの段階だけでなくその先の議会の段階でも、今度は議員各個に、選挙時の得票数の多寡をまったく反映していない投票権を割り当てることで——更にデフォルメ化されて歪められてしまっている。このように原始民意という言葉を使うと、国民の選挙時の意思の変質ぶりとそれが国会には届かないという不条理がよりリアルに実感していただけるはずだ。

そもそも国会議員の選挙の時に日本全国の地方自治体はそれぞれの「選挙管理委員会」の監督の下で一所懸命に人手をかけて一票の見落しもないようにと慎重なうえにも慎重に

投票を集計して、立候補者別の得票数の差を見極めようとしてきたのだ。

すなわち、ここでは「多数決原理」を厳密に作動させているのであるから、当然のことながら国会でも選挙時の得票というものをより重要視して、選挙時の得票数をそのまま参議院に反映させ、その数字を国会においてそれぞれの議員が行使しうる「議決権」の重み（＝議員投票における〝一票の重み〟）として、議員たちに配分すべきだ考えるのが、正しい考え方だと思う。

しかしここでもまた選挙時に「原始民意」を無視して、選挙時にめちゃくちゃに「一」にデフォルメしてしまったように、国会における議決権を全議員みな同じ「一」にしてしまうのだ。

ここでも「原始民意」は乱暴きわまる〝強制的同一化〟のトリックによって、少なくとも論理的には全く根拠なく「一」に〝還元〟されてしまうのだ。

これこそ、選挙時の「一票の格差」問題で裁判闘争をしている人たちを憤激させずにはおかない不条理だと思うのだが、このことは全く問題にされていない。

十七世紀には英国で議会制が定着したと言われているが、それ以来、世界中の多くの先進諸国で「議会制の政治」を採用してきて、この政治制度で政治を体験してきた人間は数多くいたわけである。ところが議会での決定権を皆おなじ「一」に固定することに異議を唱えた人物はいなかったようなので、歴史的な集団催眠のペテンを見せつけられているようで、実に不可解なのである。

「原始民意」を重層的なトリックによって歪曲しつくすという政治的詐術が何百年にもわたって世界中で行われてきた背景には、私には分からない理由があったのだとは思うが、それにしても選挙、また「議会制の政治」(「議会制」民主主義の政治)というのは全く奇妙であって、よくこんな形で今まで引き継いできたものだと、先人たちの怠慢を責めたくなる。

政治学をノーベル賞の対象にしなかった理由がこの辺にあるのかもしれない。

ひょっとすると特権的な少数派が「議会制」民主主義政治の基本要素である「多数決原理」を嫌って、「多数決原理」がどの過程でもまともに作動できないようにするために、巧みな詐術を巡らして現在のような〝本質的に機能不全の選挙制度〟を捏造したのではないのか、とさえ思えてくるのである。

なにしろ法やルールを決める権力者たちは間違いなく社会の少数者であったから、政治の場で「多数決原理」がそのまま作動しないようにするため、「議会制」民主主義という擬制を考案し、表向きは議員を同じ「一」に〝還元〟した上で「多数決原理」が作動しているように見せるという悪知恵を働かせたに違いない、とすら思うのである。

「原始民意」とは

民主主義政治の基本的な要素である「民意」というものについて、あらためて考えてみよう。選挙という仕掛けが「民意」を歪曲、デフォルメ化している現状を批判するためには、「民意」という言葉そのものの意味を吟味する必要がある。

そもそも民意は、社会的動物である人間が共同生活を営む場に生起するあらゆる事象にかかわるものであるし、時や所や背景や状況によってさまざまに異なり、しかも意見や意向、意識や感性は各人さまざまなのだから、民意は無限で、特定の民意というものは存在しえないと思う。

だが「国民の民意のデフォルメ化」の弊害を論じるに当たって、まずもって原形の民意というものを便宜的に措定しておく必要がある。そこで、この原形の民意をここでは「原始民意」と名付けて、その内容を以下のように措定しよう。

すなわち「原始民意」とは、国民が選挙で投票する際に心に抱いていた〝政治に寄せる期待と意思〟である。

この「原始民意」は国民各個が政治に寄せた期待・願望・構想・意思・意見などの、あくまでも心のなかの観念なり心象であるから、その形象は曖昧としているけれども、民主主義の政治を形成して行く上ではこれが最も基本的な、すなわち〝第一次〟の情報に他ならないのである。国民が政治に向かい合ったときに感じるさまざまな思いを頭の中で処理し、その思いを選挙の投票時に表明することで、国政の審議決定に影響を与えて政策決定を生み出し得る情報が「国民の意思」という形で抽出されることになるわけである。

「原始民意」というものが「議会制」民主主義という制度の中で、投票者である有権者国民の意向を正確に反映する形で機能するようにするには、どうすればいいのか？　これは簡単に処方箋が書ける問題ではないが、しかし「議会制」民主主義という現行の制度にさまざまな工夫を加えて実験を繰り返し、試行錯誤を厭うことなく、「国民の意思」を嘘偽りなく政治の現実に反映して行けるよう努力を続けて行かねばならない。

つまり、この日本という国が、曲がりなりにも「民主主義国家」の道を選択した以上、国民に対して絶えず「民意が国政に反映されているか」を確認せねばならないのだ。

しかし、ここで深刻な問題が生ずることになる。国民の「原始民意」を集約した結果と、国会の議決の果てに生まれたものとが、大いに異なったものになってしまうことである。そもそも「国民の意思」というものだって実態があるわけではない。少なくとも固定的な、たとえば昆虫標本とか鉱物標本とか解剖標本のような明々白々の物質的実体ではない。しかし〝実体がない〟ということにしてしまうと、もはや民主主義について論を進めることは不可能になってしまう。

そういうわけで選挙と民意の関係について議論を進めるための仮説的な想定として、「人民の人民による人民のための政治」というときの「人民」の政治的意思を、とりあえず具体的に、「選挙という一瞬の状況下に人々が政治への期待を政治家なり政党に託すことで、政治になにがしかの効果なり影響を与えうると想定できるような、極めて重要な、人々の政治的な意思」であると〝定義〟することにして、これを人々の「原始民意」と呼ぶことにする。

このような形で「原始民意」を措定したのは、「議会制」民主主義という制度の民意の歪み、デフォルメ化を際立せるには有効だと思うからである。

国会の野党へ投じられた民意はゼロ化していいのか

「議会制」民主主義は、まず選挙の際に「原始民意」を壊滅的に歪曲、デフォルメ化し、更にその選挙で選出された議員たちが議会に集うと、今度は議員各個の得票数を完全に無視した「一票の議決投票権」を均等割り当てられることで、「原始民意」は再び壊滅的な歪曲、デフォルメ化を被ることになる。ところが国会での「原始民意」のデフォルメ化、これだけでは済まずに尚も加わるのである。それ以前の問題としてもちろん選挙時の「死票」をそのまま放置しておいてよいのか、という重大な「原始民意」の黙殺という問題も残っているわけだけれども……。

国会で更に重ね押しされる「原始民意」の歪曲、デフォルメ化とは、議決の際にほとんどが否決されてしまう野党の投票の〝運命〟である。

全てはゼロ化されてしまうのだ。

国会での議決で否決された政治課題や法案のなかには、「原始民意」で集計すれば多数派の意思であった政治的選択肢だって有りうるわけである。その多くが少数派であったとしてもだ。

そうした可能性も勘案するなら、一刀両断で野党少数派を切り捨てるという現在のやり方は、まるで「たらいの水と一緒に赤子を流す」が如き民意を踏み躙る暴挙なのであって、国民の「原始民意」はここでもまた、虐殺的な歪曲、デフォルメ化を被っていることになる。この点についても「議会制」民主主義は改善されねばならないが、せめて重要な政治課題に関しては国民投票制（原始民意による決定）を進めるべきであって、国民投票制の導入こそが、「議会制」民主主義が「原始民意」をデフォルメ化してしまうという基礎疾患に対して唯一の特効薬になると、私は信じるのである。

国民の「原始民意」は国会議決によって与党案が成立した途端にあっさりと無視されてきたわけであるが、こういう〝ブラックホール〟のような場で躊躇もなく抹消されているのが現実があるのに、あたかも主権者である国民の純粋な「原始民意」の集合体の成果であるかのように偽装されて「法律」となり地の底に置き去りにされたままの国民に下げ渡されるという〝民意をめぐる宇宙論的な詐術〟がなされているのである。はっきり言えば、国会の意思と国民の民意は別物であると考えるべきなのだ。

我らの「原始民意」を踏み潰しておきながら「国民の総意」だなどと虚偽宣伝をしながら下げ渡された「法律」やら「規則」に反抗したり無視する国民が現れたなら、いまや組織犯罪の温床にさえなっている警察やら検察が〝国家権力〟を振り回してそうした国民を逮捕して牢屋にぶち込み、なんらかの「罪」をかぶせて〝長いものに巻かれがち〟な忖度司法の〝裁判〟にかけて「罪人」に仕立て上げるのが関の山だ。

「民主主義」を装った擬制に楯突く国民は、未決勾留や既決の拘禁囚として獄中に閉じ込められ、挙句の果てに重病にとりつかれても看守に邪険にされたきりで、それで死に追いやられても、その〝公務員による虐待〟を「この国に生まれた不運」として受け入れなければならないのだ。税金だって「国会議員」のような超特権者でもないかぎりは、徹底的に搾りとられてしまうのである。

国会の、決定とか判断がいかに好い加減なものであるかが、これで御理解いただけたと思う。

ここまで書いてきて、私はあらためて「原始民意」について考えざるを得ないのである。どうすれば「原始民意」に生命《いのち》を与えられるのか？　擬制の下でむざむざと潰されてきた「原始民意」を、どうすれば解放できるのか？

「原始民意」は国会議員を通じて国会で取り上げられて、我々の幸せのための法律が作られているのだ——などという神話が世にまかり通っているから、いきおい「〝議会制〟民主主義の擬制に起因する民意のデフォルメ化」などと反発したくもなるのであって、しょせん国会議員の意思なんぞ「原始民意」とは別物であると思えば、矛盾だらけの現状にひどく絶望して気を病んでしまう、という危険を回避することもできよう。

だがそう考えると、やっぱり「議会制」民主主義は真実の民主主義とは別物ということになってしまう。

そうであればこそ国会議員たちは「原始民意」など全く気にかけないで、勝手気ままに振る舞えるわけである。現代政治の存在価値を計る死活的重要な課題であるはずなのだが、国会における決定が「民意」を正確に反映するものなのか否かについて、おそらく世界中で検証されたことはないはずである。

唯一の例外はイギリスで「ブレグジット（英国《ブリテン》は欧州共同体から退出すべきだ）」という問題が持ち上がった時に民意（ＥＵから離脱すべし）と議会（ＥＵ内に残るべし）が正反対の考えで対立したので国民投票が行われた結果、民意が議会に勝って「ＥＵ離脱」が決まったという事例があるくらいだろう。

現状はそうであるけれど、工夫を重ねれば、「議会制」民主主義にはまだまだ改善できる余地がたくさん残されていると私は思っている。

選挙に頼っていては民意を国政に反映することはできない

有権者国民の「原始民意」と、〝選良〟たる議員たちが多数決で決めた〝議会の総意〟とが、まるっきり別物である以上、この際限なき断絶を前提に据えたうえで、「原始民意」を民主主義政治につなげて行けるような善後策を講じる必要がある。

民主主義政治を実現したいと望むのであれば、まずもって選挙で選ばれた国会議員たちがこれまで独占的に決定権を握ってきた諸々の政治案件を、国民生活に関わる「国民案件」と政府諸機関の公務遂行のための諸規則など政府の内部業務に関わる「業務案件」とに〝仕分け〟するといった具合に、国民にとっての重要性を基準に分別を行うことが急務となる。

そのうえで「業務案件」のように国民に重要な影響が及ばない案件については、もはや「原始民意」を政治に反映させることは諦めるにしても、せめて重要な案件については案件ごとに主権者たる国民の「原始民意」による直接投票によって決定されるようにしなければならない。

現行制度下では「国家の意思＝国民の意思」だと認めることは、論理的にはできない。国会でなされる数々の決定や判断は、どれほど野党やマスコミから反対されても、結果として唯々諾々と受け入れられているのが現状なのだ。そんな現行制度に懸念を抱かない人々の鈍感さ無神経さに、私は腹立たしさを感じる。

実に訳の分からない過程を経て国家の政治意思が決められてきたわけであるが、そのすべてを責め立てて、正当性がないなどと否定していては現実の政治はやっていけないという事情もあろう。

それにしてもこういう現状を何とかしなければという問題意識を、なぜ日本共産党も立憲民主党も、あるいは日本最大の「労働」組合の連合体である「日本労働組合総連合会」(略称「連合」)も、自由民主党の幹部との親交を自慢して憚らないその巨大労連の女性代表も、深く抱くこともなく、権力側に対する民主化闘争を展開しないで、賃金闘争にすり替えてしまっているのであろうか？　まったく残念だとしか言いようがない。大きい組織は本当におかしくなってしまうものらしい。

こういう状況下だからこそ、「原始民意」を直接反映できる重要政治案件に関する国民投票制を、ぜひとも採用せねばならないのだ。しかしそれは、日本に真の民主主義を実現して行くための第一歩にすぎない。それを弾みにして現実の政治制度の転換運動を推《お》し進めて行く必要がある。

それにつけても残念なのは、今や日本のほぼ全ての国民が、「議会制」民主主義という擬制の下で民主主義政治が行われていると信じ込んでいるように見えることだ。「議会制」民主主義という制度では民主主義政治は実現不可能であると断言している人を、ほとんど見たことがないのである。

そうした現状から推測するに、おそらく大多数の国民は、選挙で政界に送り込まれた公職者たちの諸々の決定や行動が、めぐりめぐって国民自身の生死にさえ関わる重大な影響を生むことになるなどとは、真剣に考えて投票をしているわけではないのだろう。だから民意が政治に正確に反映されない現実でも大して問題は起こらないし、自分たちの「民意」がどんなに無視されていても疑念や不満を抱くことなく、失政と暴政が国民にもたらす〝真綿で首を絞め上げる〟ような過酷な現実に喘ぎながらも、呑気に日々を送っていられるのであろう。

そんなわけだから、たとえ国民生活に死活的な影響が及ぶような重要な政治課題に関して国民投票を行っても、現状の独裁的な擬制下で国会が生み出している決定とさほど変わらぬ〝反国民的〟な結果が出る可能性もあろう。しかし、そうした悲観的な可能性を前提にして重要政治案件への直接的な国民投票を端から否定するのは、むしろ現実ばなれした愚鈍の思考である。確かに、もしも現実の議会政治が民意を精確に反映できているなら、直接的な国民投票を行ったところで国会議決と大差のない結果になりそうだ。しかし日本の政治の現況はそうなっているのか?

そうはなっていない。少なくとも日本の政治には、国民大衆に見切りをつけて直接的国民投票の潜勢力を端から否定するがごとき論法が通用する余地は無い。

国民と政治家との利害が対立する時の認識と制御

国民と政治家との信頼関係の維持は、現在の「議会制」民主主義政治を健全に保つための唯一の寄辺と言ってよい。ところがその信頼関係を破壊しかねない重大な元凶を、政治家自身が抱えている。つまり政治家が心の裏に抱える〝人間的な悪意と善意の同居〟の作用を忘れてはならない。

残念ながら日本国憲法のようなきれいごとだけでは政治の実態は把握できない。人間の悪しき心根は、誰でも有するものであるだけに、それが弱点となって政治が乱れる根本的な原因にさえなってしまう。

「主権在民」が実際に空虚なものになりがちなのは、これまで述べてきた「議会制」民主主義の擬制が抱える諸々の矛盾に加えて、主権を預かる政治家と、預けるしか今のところ権能が与えられていない国民の間に、明らかに利害が対立する問題が潜んでいるからである。そうした現状をしっかり認識したうえで、そういう問題が顕在化した時には、少なくとも、政治に関するすべての決定権を独占している政治家に対処させてはならないという事を、本来ならば、憲法に「国民の政治に対する反論権」として明記すべきであった。たとえば参議院は、現況では衆議院と同じようなことしかしていない。参議院と衆議院との違いが事実上、存在しない以上、過剰に肥大した政府機関の無駄を省いてコストを削減するために、国民の側から「参議院廃止論」が出ることは大いにあるだろうが、参議院の側からこういう提案が自発的に出されることはまずない。

政治家や政党と国民の間で利害が衝突する問題が発生する可能性があることを注記したうえで、そういう問題に対処すべき方策を明記した条文を日本国憲法に加えるべきだと先ほど述べたが、法律というのは制定したのちに人々に従わせるものであるから、そういう権力を有する者が法を作るという過程をたどって法案が成立する以上、権力者（立法権の独占者）にとって不都合であったり不利益を被るようなことは自然に避けるようになるはずで、法律というものに〝立法者の公平無私の御奉公〟を期待しては、期待のし過ぎということになるのであろう。

だから政治家たちは現実にはそういう配慮は忘れたふりをするか、法律や公文書には出来るだけ書き込まずに済ませるか、書き込んだとしても曖昧な文言で誤魔化して、否定とも肯定とも解釈できるような文章になるはずである。特に憲法のような〝政治の聖典〟ともなれば、こうした逃げ腰の書き方になるであろう。

だから尚更に、このような配慮がなされていない「議会制」民主主義の政治は、政治家が独占する「(政治家による、政治家のための)政治家の政治」になってしまう可能性が高く、「国民の政治」たる民主主義政治にはなりにくいのだ。

その難点は、少なくとも自公連立政権が嫌というほど我々に見せつけてくれた。

かくして政策決定権の独占者(与党および与党の政治家)が手玉に取った「デフォルメされた民意」が政治の現場に降りてくるときは、絵の具の三元色の混合のように真っ黒なものになってしまうか、そうでなければ光の三原色の混合のように逆に真っ白にシラケてしまう。いずれも「主権在民」の実態は誰も感じたり見たりできないようになってしまっているのに、政策決定権を独占する政治家だけがあたかも「民意」を汲み取ったかのような素振りで国民を騙し、「主権在民」が健在であるかのような幻想を維持しているわけだ。

自民党の日本国憲法「改正草案」などをみれば、すべてが自己（政治家）とその後援者（諸々の政治的右翼結社や右翼宗教カルトと財界）に有利になるように、自分たちのやりたいように現行憲法を改竄しようとしているのは一目瞭然なのだ。

権力配分の最適化

政治権力というものは人間にとってはかなり厄介な代物であった。

政治権力は過去、組織の単独支配者による独占から、組織全体の構成員たちにそれこそ平等にいきわたらせるまでの、さまざまな所有形態が試みられてきた。「民主主義」もこの試みの一つであり、それは論理としては「権力の分配」の〝あり得べき形〟の一種の究極的な〝答案〟とも言うべきものであろうが、この〝答案〟の方式で完全に民主主義政治の成果をあげるに至っている現実の具体例は、本当に数少ないであろう。

たぶん、この問題には正解があると思うのである。正解はあるけれど、実現が難しい。そういうものだと思う。

私が思う正解というのは、権力を完全に等しく分割すること。そして切り分けた権力を、お互いに同等の力を持つように分配すること。こうすれば見かけ上は、権力の配分に大きな違いがあって不公平なことになると思われるようなことが、仮にあったとしても、それは権力のアンバランス是正に向けて自発的な措置がなされるためのメカニズムの作動であって、配分による実際の不利益は、めったに生まれることがないと考えられるのである。またそういうアンバランスの発生もほとんど起こらなくなる。

以上の条件を満たすような分配のやり方を、パンケーキを例にとって説明しよう。

一枚のパンケーキを二人で分けるという話である。

このパンケーキを分割するときに二つの大きな作業が必要となる。一つはケーキを切り分ける作業。二人分であるから二つに分ける。

もう一つは、二分割されたパンケーキを配分する作業である。以上のようなことを考えると、切られたパンは同じサイズと量に分けられるはずだ。パンでの譬え話を政治の実際に当てはめて考えると、全ての政治的決定をことごとく代表たる政治家に任せてしまうのではなく、国民が政治家と対等な立場で直接決定できるような仕組みが、「議会制」民主主義の政治過程のどこかに組み込まれていなければならないはずなのだ。

言い方を変えると、この二つの力（権能）――政治的決定に関わる「政治家の権能」と「国民の権能」――を完全に分離しなければならないのである。切り分けて分配するのを一人で行えば、まずできるだけ大きく差が出るように大小の二つに分けて、必らず自分で大きい方を取るということになり不公平が生じる。これを避けるために権力を分割し配分するようにすれば、いつでもパンケーキを完全に同じサイズに切り分けることができるはずだ。

日本国憲法が定めている権力配分の方式には欠陥がある。なぜなら立法府たる国会で多数派となった政党の長が、行政府たる内閣の総理大臣になり、さらに内閣総理大臣が司法府の最高機関たる最高裁判所の裁判官を任命できてしまうからである。これでは行政の司法権の侵害を誘発しかねないだろう。また内閣総理大臣は、内閣府不信任案を可決した国会への報復として、衆議院を解散させてしまうことができる。これは行政権が立法権を侵害する危険性を常に抱えていることを意味する。

日本国憲法はこうした問題を抱えているが故に、少なくともこの国の民主主義政治の「主権者」である国民と、政治家との間の、権力の適正配分という民主主義原則から見れば、とんでもなくアンバランスな政体を作り出しているのだということを、今更ではあるが指摘しておかねばならない。

この与党の三権支配という問題には重大な裏面がある。この日本国憲法を押し付けたアメリカには、日本に対してできるだけ永く影響力を行使できるようにしたいという思惑があったはずである。そのためには占領中の御主人様であるアメリカの命令に忠実に従う〝忠犬〟のような政党を〝政権与党〟に仕立てて、これに立法・行政・司法の三権を集中させて事実上の〝独裁政権〟にするのが便利で好都合だ。その与党だけを支配下に置いておけば、日本に対する間接統治を誰にも邪魔も抵抗もされずに円滑に行えるからである。

第二維新（近代日本の第三革命）の目標も、このアンバランス状態の解消をめざしてさまざまなことを提唱している。

そして、この権力配分のアンバランスの解消こそ、明治維新に匹敵する革命的な出来事になるのである。そうした政治決定過程を有する新しい国家体制を第二維新（近代日本の第三革命）で実現させるのである。

権力の性向とその制御

「議会制」民主主義における「主権者」である国民の政治参加の機会が、事実上は「選挙」という制度に限られてしまっているという現実を見れば、「民主主義」という政治思想・制度・原理には上っ面の理想主義的な見かけとは別に、権力者たちに通底するどす黒い底意というものが秘められていることが判ると思う。

そうであればこそ、選挙と次の選挙との期間はできるだけ長くする。更にその決められている選挙さえも、与党〝永久政権〟である自民党の都合によっては延期したり中止したいぐらいに考えて、彼らの憲法改正案にこの考えを持ち込もうとしている。実際、敗戦前には真珠湾攻撃に踏み切るという国家存亡に関わるような重大きわまる政策決定に関しては、衆議院選挙は緊急事態ということで行われなかった。

権力者（政治家）というのは民主主義体制でも独裁体制でも少数者である。そうすると多数決原理が正常に作動する（はず）という民主主義政治下では、権力を握る者すなわち政治家は、主権者である国民に対して少数者にならざるを得ない。少数者である権力者は多数者支配の下では政治的な制約が常時課せられることになる。これが異常なく作動していれば「議会制」民主主義政治であっても問題も支障もほとんど生じないわけだが、そうではないからこそ「民主主義政治」の名の下に物言えぬ多数者を限界まで無視するような現状が出現することになる。

それでも権力者（政治家）の思惑と国民（多数者）の考えが一致する場合は、この両者の間にストレスは生じないが、異なっていれば当然ストレスが生じる。その場合、本物の民主主義政治であるならば権力者が引き下がらざるを得ないわけだけれども、実際には、権力者のエゴがそれを許さないということが常時起こることになる。

「議会制」民主主義というのは建前としては「民主主義」で多数派支配を掲げているが、その実態は、多数派である国民の政治参加の機会を「選挙」という一点に集約させることで国民を実際の政策決定の場から体良く追い払い、政治を権力者の思いのままにさせてしまうという副作用が——「副」というより「主」の作用なのであるが——生じる制度になっている。

そもそも権力者だけでなく人間は——だから一般国民も政治家も同様に——本来自由な存在なのであり、自分の自由意思で行動したいと望むし、他者の干渉や指示を受けたくない。まして何者かに支配されて隷属を強いられるなんて、まっぴら御免なのである。

そんなわけで、普通の庶民が何かのはずみで「支配者」になれば、本来の望みであった自分の考えや価値観を自由に広く大きく実現させられる絶好の機会を手に入れたという錯覚に陥り、往々にして道を踏み外す。

自分の思い通りの政治がしたいと望み、状況が許せば、実際にそういう我儘を押し通してしまう。

他者を隷属させたり犠牲にするような陰惨な政治的利己主義を放置しておくなら、支配権を求めて万人が万人と争う戦争状態になりかねない。そうした〝生き地獄〟が生じないようにするため、他者の存在を尊重して自分の権力欲を自制せざるを得ないようにするという本旨から、「万人が平等の権力者である」と仮定することで論理的に個人の恣意やエゴや欲望を突出させないように社会全体を統制するという目的で「民主主義」という考えが生まれ、今なお存続してはいるわけだが、こうして「民主主義」が繁栄しているいま現在においてさえ、支配者になった権力者が抱き続ける民主主義に対しての嫌悪感はどうしても完璧には排除できないのだ。

選挙は平凡な人間を、昆虫のような別物の権力者に変身させてしまう。あるいは民衆蔑視の差別意識を露出させてしまう。

それゆえ国民は民主主義政治下であっても絶えず権力者の政治的行為を監視し続けていかなければならない。ところが残念なことに、そのための手段としては「選挙」という手段しか用意されていないのだ。

だから、国民はやはり何としても「選挙」という機会を権力者を統治するための最大の手段として利用するよう心がけ、政治家の独善と恣意的な行為を除去していくしかないのが現状なのである。

日本の目下の選挙制度では、さすがに流血の惨事は起こらないはず。「民主主義政治」を標榜していても充分に反民主主義的な政治が行えるのだから、自公連立政権も自分たちに刃向かう者に対してもめったなことでは殺すようなことはせず、反対にその支配の甘さから逆に殺されてしまうような事件もあったがこれは例外的なこと。

だから自公連立政権という権力者に対して、選挙という手段を用いず棄権してしまうようなことは、権力を握った政治家を欣喜雀躍させるだけ。

だからこそ本書が推奨する「万円万来選挙」制度は、権力者をしてその精神状態を欣喜雀躍から意気消沈、心胆を寒からしめるほどの強力な力を発揮することになるのではないかと期待するわけなのだ。

3　日本政治の最大の課題

日本の先行きの展望を示す

自公連立政権の現実の政治を目の当たりにしてきて感じる思いというのは、いったい日本という国家をこの先どうしようとしているのかという疑問と、大いなる不安に他ならない。

現実味のない理想論ばかり並べられても、そんな空文句の効果は実質測りえないわけで、存在しないのと同じだ。

では政治家個人、あるいは政党が、信奉すべき長期構想とは如何なるものであるべきか？　それを以下に列挙しよう。

一．日本の政治、経済に関する正確な現状認識、特に弱点欠点を認識すること。

二．弱点欠点に対する長期、短期の有効かつ論理的な対策を有すること。

三．我が国の良さ、特質に基づく発展性のある展望を示せること。

四．日本の歴史、文化、あるいは人類の正しい価値観に準じるものであること。

五．制度、法律、規則、その他ルールなどで経年劣化しているものは大胆に整理すること。

六．変革を恐れず停滞は悪であるという価値観にもとづくものであること。

七．優位者である特定の人々、階層への配慮は無用。弱者に対する充分なる配慮がなされること。

八．人々の基本的人権を尊重し、自由を最大限に許容するものであること。

九．海外諸国との貿易（とりわけ食糧やエネルギー資源の輸入）に頼らなければ日本が存続しえない以上、貿易に依存する産業へは特別の配慮をすること。

一〇．創造的能力を有する者はあらゆる場面で優遇されること。

一一．防災投資は最優先されること。

一二．あらゆる場面で論理的矛盾は排除されること。

少なくとも以上のような条件を備えた総合的な国家的ビジョンを用意し、今こそ行動に移すときであるという認識を、多くの人々と共有したいのである。

ここに列挙した諸条件を満たすような日本の長期的な国家ビジョンを構想し、それに基づいた具体的な政策を形成・実現させて行くのが、第二維新（近代日本の第三革命）の使命に他ならない。

政治家の理想像

政治家は、大胆な変革によって、今や先行きの見えない難局のなかで喘いでいるこの日本国を、永続的で確固たる存在にして行く使命と責任と潜在力を有する存在なのである。即ち、あらゆる場面と時間の中において、人々に微塵の不安も抱かせないような制度と機構を組み立て、それを土台に据えた万全の新国家体制を構想して、実現させなければならない責務を負っている。

政治は本来、大きな力を持っている。一億二千万人を超える日本国民が有する頭脳・資産・財力、場合によっては生命までも、政治は動員し、特定の目標に集中させることができる。だからこそ戦争も起こし得るわけであるが、政治を善用することに成功すればその成果は私的活動の次元とは違う壮大なものになるだろう。だからこそ私は日本国の行方に大いなる関心を抱くのである、いつの時代も政治家が果たさねばならない使命と責任は大きいのだ。

それゆえ陳腐に過ぎる表現ではあるが、政治家と国民との間には信頼関係が成立していなければならない。

信頼関係はどうすれば築けるのか？　それは極めて簡単なことだ。すなわち動機の如何を問わず、その影響の大小を問わず、万人に対して政治家は嘘をついてはいけない、ということである。これは、政治家は国民に対して隠し事をしてはならないということでもある。

但し、日本国内ではなく国外の勢力が「悪意」をもって日本に軍事的な攻撃をかけてくるような場合は、これはもう「政治」では対応できない「軍事」の領分であり、日本の軍事組織（＝自衛隊）の軍人たちが裁量すべき「作戦」の領分ともなるから、「軍事機密」に覆われる〝暗黒の領域〟も生じるであろう。

もうすこし厳密に言うと、日本が敵国から攻められる事態が濃厚になった時は、軍事的な情報は「機密」扱いにせざるを得ないであろうし、特に敵国から先制攻撃を受けた場合には、反撃をせねばならない状況において、その軍事行動に関する情報を国民に対して秘密にしなければならない事態も生じるであろう。

しかしそもそも、十九世紀ドイツの軍事学者カール・フォン・クラウゼヴィッツが喝破したように「戦争は政治的行為であるばかりでなく政治の道具であり、敵・味方の政治的交渉の継続にすぎず、外交とは異なる手段を用いてこの〝政治的交渉〟を遂行する行為」なのであるから、日本国の〝政治部門〟の面々が常日頃から丹念に、外交に努めていれば、〝外交の失敗〟の証しとも言うべき戦争を招来することもないはずなのだ。こういうことが起こらないようにすることが、まずもって肝要なのである。

「議会制」民主主義という制度には、「国民主権」を代行する政治家の存在が前提になるから、どうしても政治家と国民の間に深刻な利害対立が生じることになる。

この問題にどう対応するかが、「議会制」民主主義の永遠の課題ということになる。

その一つの解決策は政治家があくまでも国民の立場になって考えるということである。

民主主義政治が本来あるべき機能を発揮するためには、政治家が「政治家の立場」ではなく「国民の立場」で政治の決定をせねばならないわけで、これは論理的にも倫理的にも必然なのである。

たとえば世襲議員の弊害と、その論理的・倫理的な横暴を見れば一目瞭然だろう。

政治家が自分の子や孫やその姻戚関係者を政治家にしたいという気持ちや、自分が政治家という仕事に誇りを持てば持つほど可愛い子孫に自分の仕事を継いでもらいたいという感情は、凡俗の人情としては、よく分かる。

この時、そういう私情に流される決定をしてしまうのが「政治家の立場」、それを諦めて他者を後継者に指名できるのが「国民の立場」に立つということ。

難しいけれど不可能だとは言えないはずだ。

また、本書でこれから提案する（重要な政治案件は国民が直接決める）国民投票制度についても、政治家がこれまで自分たちだけで支配・統治してきた政治案件に関して国民と利害が対立する場合に、国民の立場で考えられる人間であるか否かが、この制度が実現できるかどうかの決め手になるであろう。

政治家が嘘さえつかなければ、国民は、政治家を信じることは容易にできる。なぜなら政治家が政治の展望や政局の困難などの諸々について喜怒哀楽や苦悩や後悔なども含めて思うところ、感じるところを国民に対して常に正直に語っていれば、国民は嘘いつわりの無い政治の限界や可能性というものを自ら理解できるからである。

こうして政治家の〝政治の現場での認識〟を国民が共有してこそ、政治家の方も国民を信じ、自信をもって国民に義務と責任を果たすことをまっとうに要求できるわけである。

たとえば外交力も、こうして全国民の情勢理解と外交意思という背景があれば、最高の力を発揮できるはずで、小賢しい外交テクニックなんて不要になるはずである。

4　国民はなぜ選挙で棄権するのか

若者が選挙に行かない理由

普通の国民にとって「選挙」は自分の政治的意思を政治の決定の場に届けることができる「唯一の機会」ということになっている。（現行の日本国憲法は、国民の直接投票としては、唯一「憲法改正の際の国民投票」を第九六条で定めているにすぎない。だがこれもまた国会の衆参両院で総議員の三分の二以上が賛成議決をして「改正発議」が行われることが前提となっており、その「承認」のために国民投票をするというのだから、結局、この国民投票は国会「代議制」を補完する役割しか与えられていないのである）。

「唯一の機会」であるからこれは極めて重要な機会であるはずなのに、なぜ少なからざる国民、特に若者が、棄権するのだろうか？　理由を考えてみたい。

まず政治のことが良くわからないから、政治に関心がないから、という人がいる。政治は醜く汚らしいからいやだと嫌悪感すら抱いて、近づきたくない、という人もいる。野党に投票したいけど野党は負けるから投票しても何の効果も意味もない、という人もいる。投票したいけど自分には仕事のほうが大事だと言って、投票所に行かない人もいる。

投票しても政治は変わらないし、変わったとしても自分の思うようには変わらない。自分が投票した人が落選してしまったので、野党支持だけど、野党が与党になるには多くの条件が整わないと実現されない。だから自分が野党支持の間は投票しない。だから馬鹿らしくて投票なんかできない。自分が投票してもしなくても政治は変わらない。投票所に行くのが面倒くさい。投票しようと思ったが雨が降ってきたからやめた。というレベルの話もある。

選挙で投票するのは候補者や政党に〝全権委任〟する〝丸投げ〟の投票になってしまう。単独の政治課題について意思が示せない。立候補者は自分が抱えている政治課題を公約に掲げていない。

選挙で棄権する人々の言い分をこうして列挙してみると、「有権者」たる資格を疑わざるを得ない怠慢きわまるものもあるけれども、「選挙」による代議制の限界と欺瞞を見抜いたうえで敢えて異議申し立てをするという市民的不服従を選んでいる場合もあることが判るのである。

そもそも「議会制」民主主義という制度では、投票の価値の絶対性がほとんど配慮されていない。政治家は嘘をつくし、それを国民の方はなかなか見破れない。だから投票しないことが与党議員の嘘に加担しないという意味で、自分の政治に対する誠実さを表すことにもなると考える。何万人、何十万人もの投票者の政治的意思を一人の国会議員が代表できるはずがない。

ところが世襲議員のように親の「三バン」――①地盤（＝組織力）、②看板（＝知名度）、③鞄（＝札束をふるまう資金力）――を受け継いで地元利益のことしか考えられない者を、内閣総理大臣などという重職に化けさせてしまうのが選挙制度だ。

「多数決原理」は正しさを証明する原理ではない。そもそも人間の頭数で足し算や引き算、あるいは不等式が成立するということは可笑しなことだ。多数決では正しい答えが得られないという問題もある。

だいたい、選挙の時に投票で示される「国民の意思」というのは、その選挙で呼ばれた人物が〝政治家〟となって実際に政治に携わるようになった時にはすでに選挙が終わって少なからず時間が経過しているわけだから「過去の国民の意思」ということになる。その「過去の意思」を体現する形でどれだけ今現在と未来の沸き起こってくるさまざまな問題に対応できるのか。できるという政治家がいればそれは嘘つきだろうし、さもなくば〝神がかり〟か未来予知ができる〝鬼神〟という他ないが、自分に投票してくれた全ての人の厖大かつ多様な意思やら要望を実現することなどできるわけはない。ならば選挙なんて無意味じゃないかということにもなる。

そして、政治家の公約であるが、選挙時の公約を当選後に反故にしても、政治家はその不作為に関する補償義務を問われることはないのである。

すなわち「議会制」民主主義の下では、国民は今現在と未来の政治については傍観するほかないのだ。しかも現在の政治についても何も指図もできず、文句を言ってもどうにもならないのである。国民には与党の決定したことを事後承認することしか許されておらず、その決定事項を否定することはできないのだ。但し承認であれ否定であれ、そんなことは（憲法第九六条が定めた「憲法改正〝国会発議〟承認の国民投票」という唯一の例外を除けば）正式にはできないことになっている。

以上のように「民主主義」とは名ばかりの欺瞞が著しい現行制度下ゆえ、選挙の時に投票したくないと感じるのは、むしろ当然なことだと思うのである。実際に投票してみれば、現在の自分の利益・不利益と投票行動が直結していることが実感できるようにもなるのだが、一般市民が日常生活のなかで政治と自分の生活の直結を痛感するというのは、簡単なことではない。

そう考えるとむしろ選挙で投票という行為に駆り立てられる人たちこそ、ひょっとすると現今の〝選挙という擬制〟の下では「異常」とさえ言うべきであろう思惑なり願望なり意図なり、すなわち棄権する人にはないような〝情熱〟を有しているということになるのかもしれない。

そして逆説的かもしれないが、むしろさまざまな理由で「選挙」に巻き込まれず、むしろ現状の「選挙」を消極的理由であれ積極的理由であれ自らの選択で拒否している人たちにこそ、秘められた核融合のようなエネルギーが内蔵されていて、現状の「議会制」民主主義制度の政治下で「主権者」国民をだしに使って少数の〝選良〟が国家権力を私物化し乱用してきた現国家体制を解体させることができるかもしれないと、私は感じているのだ。

これまで戦後の衆議院と参議院で合計五十四回の国政選挙を繰り返した結果、確かに日本の政治は悪くなるばかりであった。

加えて、現況においては天皇主権制の復活を切望する政治家がその本心を隠しながら、選挙戦を戦い抜き、与党の指導者になるまで待って、ゆるぎなき力をつけた時、閣議でそのことを持ち出して一気に敗戦前の天皇主権の〝立憲王政〟を復活させてしまうという〝国会乗っ取りの反動クーデター〟をやらかす危険性さえ孕んでいるのだ。

私見はこれぐらいで切り上げ、本章を結ぶに当たって、「若者が選挙に行かない理由」について公的機関がかなりの労力と経費を投入して行った調査結果があるので、それを少しだけ紹介しておこう。

総務省「一八歳選挙権に関する意識調査」

二〇一六年、総務省は、一八歳から二〇歳の投票行動の把握を目的に意識調査を実施した。

調査概要は以下の通りである。

・調査対象：全国の満一八歳〜二〇歳の男女三〇〇〇人
・調査方法：インターネット調査
・調査期間：二〇一六年一〇月二〇日〜二〇一六年一〇月三一日

調査の中では、投票に行かなかった人（一四二六名）を対象にその理由を聞いており、以下のような回答が得られた（複数回答可）。

・今住んでいる市区町村で投票することができなかったから（二一・七％）
・選挙にあまり関心がなかったから（一九・四％）
・投票所に行くのが面倒だったから（一六・一％）
・どの政党や候補者に投票すべきかわからなかったから（一一・九％）
・自分のように政治のことがよくわからないものは投票しない方がよいと思ったから（一〇・七％）
・私一人が投票してもしなくても世の中は変わらないと思ったから（九・七％）
・選挙によって政治はよくならないと思ったから（七・九％）
・不在者投票の手続が面倒だったから（五・四％）
・選挙結果がどのような影響をもたらすかわからなかったから（四・一％）

・不在者投票制度を知らなかったから（三・五％）
・今の政治を変える必要がないと思ったから（二・〇％）
もっとも回答数が多かったのは「今住んでいる市区町村で投票できなかったから」という理由であった。

次いで「選挙に関心がない」ことや「投票所へ行くことが面倒」という理由が上位に来ている。

（以下略）

若者が選挙で棄権していることについて

二〇二一（令和三）年一〇月の第四十九回衆議院議員総選挙の投票率は五五・九％。翌年七月に行われた参議院議員・通常選挙では五二・〇五％である。

両院の選挙で約四五％が棄権した結果が現状の自公連立政権を生み出している、という冷厳たる事実がある。

棄権者は政治に対して無責任だ、と世間の「良識派」からとかく非難されがちだ。けれども現実の自公連立政権の悪政暴政に関与しなかったという意味では、何ら責任は問われないということになる。無罪である。

私はこの逆説的な〝庶民の見識〟に大いに期待するのである。

たとえば投票率が一〇％上昇すればどういうことになるのか。あるいは与野党間で得票が五％入れ替わればどういうことになるのか。棄権することの多い若者が、新しい投票促進のインセンティブシステム（＝報奨制度）を導入した場合にどういう影響を受けるか、大いに期待すべきであろう。

彼らは現行の選挙制度に失望したまま棄権を続けるのか、それとも現行制度の欺瞞を突き破るために第二維新（近代日本の第三革命）革命が用意する選挙制度ならば積極的に政治参加するのか、結果はやってみなければわからないが、しかし現在の「議会制」民主主義政治に失望している人々だって必ずや第二維新（近代日本の第三革命）の支持・推進グループになるであろうと、私は確信しているのである。

Ⅱ　第二維新（近代日本の第三革命）

1　国家意思決定における「個」と「全体」の関わり

第二維新（近代日本の第三革命）という革命を提起することこそ、本書の趣旨に他ならない。この革命を具体的にどう進めて行けばよいのかを、本章で論じていこう。尚、こういう課題を考える時に忘れがちになるのであるが、絶対的な正義というものは存在しないという基本認識を絶えず持ち続けることが肝要だ。

「絶対的主義」という独善的教条にとらわれずに、現実的な観点から民主主義の望ましい在り方を究明して行くためには、人間社会における「個」と「全体」の関係性を重点的に考慮する必要がある。

なぜなら、「個」は「全体」から影響を受けずには存在しえないし、「全体」も「個」から影響を受けずには存在しえないからだ。

従って、「個」は厳密に「個」として扱うことはできないし、また「全体」も「全体」として扱うことはできない。純粋な「個」、純粋な「全体」は、この世には存在しないのだ。

それゆえ、現在のような議会制を採用した政治制度も含めてだが、民主主義以外の政治形態のもとでも、「個」と「全体」は表裏一体のものとして、分離しえないものとして存在していると考えなければならないし、そのような不可分の実体として扱わなければならない。

この前提を踏まえたうえで政治というものを考えるなら、民主主義政治の制度の下では、「全体の利益」を求めるためには「個」はどうすればよいか、どうあらねばならないか、ということが重大な課題になりうる。

国家について言えば、国家目標、国家理念とか、国家戦略については、個人または全体の課題として真摯に対処することが、求められるわけである。

更に言えば、民主主義のもとでは多数の「個」の利益にならないものは「全体」の利益にもならないわけであって、「全体」の利益にはなるが（多数の）「個」の不利益になるようなものなどありえないのだ。

より具体的に言えば、「全体」の意思を決定する場合に、「個」の意思の絶対性と平等性を前提とし、「個」の意思の積算によって全体の意思を決定とする。勿論この時の「全体」の意思は、「全体」を構成する全ての「個人」の意思が全員一致する場合と、多数決によって決定される過半数なり〝相対的多数派〟の人々の意思を全体の意思とする場合があり、この多数決の場合は「個」の意思を「全体」の意思にできなかった複数の「個」が存在することは当然だ。

従って、民主主義下においては「全体」が特定の「個」の意思に反して恣意的に「全体」の意思を決定することも、あるいは逆に、特定の「個」が「全体」の意思を決定することも、現実にも理論的にもありえないわけである。

結局、「個」と「全体」は、対立する概念にはなりえないわけで、文字通り「個」は「全体」を構成する一部であってそれ以上でもそれ以下でもない。

より多くの「個」の利益（あるいは不利益）が「全体」の利益（あるいは不利益）になるだけのことだ。

「全体」の意思が（特権を持った政治家という）特定の「個」の意思によって決定されることが懸念される日本の現行の政治制度の下では、「個」の利益が「全体」の利益になるか、あるいは「全体」の利益が「個」の利益になるのか、それともならないのかが厳密に検討されることはない。

国家について、特にその理想像について考えようと思うなら、国家は正しく人間の集合体なのだから、人間が集団で各自の生活を全うする場としての国家のあり方について考える事こそが、まさに人間の理想のあり方について考えることになるはずだ。

だからこそ、この日本に民主主義国家を実現しようと望むなら「主権在民」の主人公である国民「個人」の意思の純粋さと正確さこそを重視せねばならないわけで、歪められデフォルメされるようなことがあってはいけないのである。第二維新（近代日本の第三革命）は、そういう理念と情念の具体化に他ならず、「個」と「全体」の理想的な融合体を日本の新しい政治の舞台に登場させようという試みなのである。

2 「万円万来選挙《まんえんばんらい》」制度の提案――投票率の向上を目指して

手段はささやか

第二維新は、近代日本の第三の革命をめざすものであるが、この「革命」に「鳥羽伏見の戦い」はない。第二維新（近代日本の第三革命）の発端は、ささやかではあるが国政選挙のやり方を変更するということに集約される。

変更してどうするのかといえば、今まで選挙の時に棄権していた「不真面目な主権者」、すなわち森喜朗が首相だった時に「選挙のときは寝ていてくれればいい」と公言したような〝浮動票の有権者層〟を目覚めさせて、彼らの投票を起爆剤にして第二維新（近代日本の第三革命）を発動させることを考えているのである。

ひらひらと飛び回る蝶の羽ばたきが、大きな出来事を引き起こすことがあるという「バタフライ効果《エフェクト》」が、第二維新（近代日本の第三革命）を導き出す可能性もあるわけで、我々は「原始民意」をあるがままに解放できる〝回路〟を創り出すことによって、この日本に明治維新、敗戦に次ぐ第三番目の維新革命を、今度こそ「外圧」によらず自主独立の努力によって実現しうるのである。

自公連立政権の政治を延々と見せつけられてきたのに、日本の野党はなぜ、「原始民意」を抑圧から解放して国政に反映させるという問題意識を持てなかったのだろうか。そこまでの必要や逼迫を感じぬまま、自公連立政権を交代させるための力を結集できないままに、反動に向かう政局を虚しく漂流してきたのである。野党の国会議員としての職務を全うしていると言えるのか？——国会議員の経験がない私にはそう思えてしまう。

現今の自公連立政権の政治的〝壊死〟状態を引き起こした大きな原因の一つとして、日本の野党の腑甲斐なさと問題意識の欠如も当然、指摘せざるを得ないのだ。

現在の日本の政治状況は自公連立政権ではもうダメだ。だがその自公連立政権を倒せなかったすべての野党だって、日本の政治状況に適切な処置を施し、その持てる可能性を引き出せるような力は現状のままでは持ち得ない、と私は断定する。

勿論、かつての小沢一郎氏のような役回りをこなせる人物がいれば、〝敵〟は交換のタイミングがずれ込むほどにイカレてしまって使い物にならなくなっているのだから、ハイエナのように噛みついていけば、すぐにも政権を奪うところまで来ているのだ。

政権奪取のチャンスは到来しているのだ。〝敵〟自身の〝敵失〟の積み重ねによって……。

だから自公連立政権を倒す前に、少し冷静になって自公連立政権に鉄槌を下す「革命」の在り方を考えなければならない。

腐った自民党を追い払うことになる次回の政権交代は、単純な「政権交代」で済ましてしまってはならない。旧幕藩体制を倒した明治維新のような変革をめざすべきである。すなわち現今の国家体制を根底からひっくり返すような革命だ。私は、日本が現在そういう歴史的転換期と思っている。日本の政治家たちもこのように認識して対応して欲しいのである。

革命には革命主体というものが絶対に必要である。旧体制を倒す力の存在がなければ、旧体制の命脈は尽きない。

周知のとおり明治維新には薩長の武力集団があり、彼らの危機意識で明治維新は起動した。

ところが現在は革命推進派をめざしていようが、いまいが、そもそも「武力」といえる力を持ち合わせている組織自体が民間には存在していないのである。日本共産党も含めて日本の野党に今の日本には革命が必須だと考えている政治勢力は存在していないことは確かである。自衛隊はもしかしたら軍事クーデターを実行するかもしれないが、私には関知も関与もできない。そういうわけで現在のところ武力による革命は、日本では起こらないと断定してもいいだろう。

また革命推進派となる人たちが公然と「革命」を呼号する組織を造り上げたところで、今や暴力で革命を実現するという話は、日本では通用しないと考えるべきだ。

暴力に頼らなくても革命はできる、と先ずは確信を持つことだ。ならば暴力に頼らずに日本に革命を起こす企て、すなわち第二維新（近代日本の第三革命）の実態はどういうものになるのかを考えてみよう。

第二維新（近代日本の第三革命）は国政選挙の投票率向上から始まる

言うまでもないことだが、国民が真剣に代表者を選ぶという行為を各自で実践せぬかぎり、「議会制」民主主義という制度は成立しないのだから、そのためにも選挙制度がどのような在り方をしているかは極めて重要なわけである。だからこそ「議会制」民主主義という制度を採用すると決めた時点で、「国民の参加」ということに関しては、何ら特別なことをしなくても、国民が選挙時に投票所へ自動的に駆り立てられるぐらいの工夫がなされて然るべきであったはずだ。

ところが現在の日本の制度では、公務員を任命する権利があるとしているだけで（憲法第一五条(1)「公務員を選定し、及びこれを罷免することは、国民固有の権利である。」）、義務とはしていない。国民は選挙で投票しても良いし、投票しないこともまた〝権利の行使〟であると規定している以上、先述（第一部・第四章「国民はなぜ選挙で棄権するのか」）したような消極的あるいは積極的理由で投票しないという人が多くなる。

国民がいちいち政治の状況推移に神経質にならなくても正しく政治が運営される、などという妄信なり無責任な楽観に政治家や国民自身が囚われていたのか、あるいは単純に、形ばかりの「選挙」制度を設けただけで（「仏作って魂入れず」の諺どおり）選挙を通じて民主政を実現するために必要な事後支援の施策を忘れてしまったのか、いずれかは分からない。が、どう考えても、国民が直接政治に関与せず政治家の思うがままに権力を行使させてしまえば、どんな結果になるかは最初から容易に予見できたはずである。

少なくとも国民のために最優先されるべき政策案件はあっという間に後方に追いやられ、政治家たちに利益をもたらす好都合な政策案件、すなわち政治家自身の私利私欲が前面に押しだされることになったと思うのである。

その結果、選挙の投票率が下がることになるのは、まさに因果応報である。しかもそうした惨状が進行するなかで、一億円の現金の山を五万円ずつの小袋に分けて二〇〇〇袋を選挙民に配り自民党の立候補者を衆院選挙で当選させた、という元代議士秘書の生々しい話が現れているわけだから、この絶望的な現状こそがまさに日本の自民党政権下で形成されてきた「選挙」制度の実態なのだ。だからこそ選挙をすればするほど、政治家も国民も政治に対する健全さと真摯さが失われていくことになるのだ。

衆議院は、「天皇主権」を定めた明治憲法の下でも国民（当時は〝天皇の赤子〟という身分で「臣民」と呼ばれた）の意向を国政に反映しうる唯一の回路であったし、更に「主権在民」の現行憲法では「国権の最高機関」たる国会のなかでも、衆議院は参議院に優越する権能を持つものと定められている。ところがその衆議院の選挙が今は五〇％台の投票率になってしまっている。

国政選挙の投票率の、絶望的とも言えるほどの低迷ぶりは、国政とそれを担うべき政治家に対する国民の絶望ぶりをそのまま反映している。政治家たちはもはや国民に見捨てられたも同然なのだ。

ところが当の政治家たち、とりわけ〝永久与党〟自民党の政治家たちは、選挙投票率の低迷こそが自分たちに有利だと考えていて、首相時代の森喜朗のように「(浮動票を有する〝無党派層〟は、選挙のときは) 関心がないと言って寝てしまってくれればいい」などと公言する始末なのである。

そんな政治家どもは別として、少なくとも総務省は、若者が棄権している現状を問題視し、投票率を向上させるための対策をそれなりにまとめているので、まず見ておこう。

若者の投票率を上げる対策

ここでは、若者の投票率向上を図るための対策として四つの事例をご紹介します。

期日前投票所のアクセス性改善

期日前投票所の設置場所や投票時間を見直すことで、投票率向上を目指す自治体が増えています。

たとえば、通勤・買い物のついでに投票できるよう駅前やショッピングセンターに投票所を設置したり、投票時間の繰り上げ・繰り下げを行ったりする取り組みが見られます。

実際に期日前投票の利用者は年々増加傾向にあり、二〇二二年の参院選の期日前投票者は一九六一万人と参院選として過去最多を記録しました。

センキョ割

センキョ割は、選挙期間中、対象店舗で投票済証を提示すると、商品の無料サービスや割引などの特典が受けられるイベントです。

ルールの交通整理を担う選挙割協会と、運営を担うセンキョ割学生実施委員会が中心となり、全国各地の企業とともに活動しています。

年々協力店舗数が増加しており、若者の投票率向上に向けた取り組みとして注目を集めています。

主権者教育の普及推進

総務省や文科省を中心に、主権者教育の普及推進がなされています。

背景には、若者の社会や政治に関する関心を高め、投票率向上につなげていくことがあります。

選挙に関する講演や模擬選挙、社会問題をテーマとしたディベートなどが主権者教育の具体例です。


この総務省の提案はまったく正しい。

但し、政治の現実を見るならば、「若者であれ誰であれ国民が選挙や政治に関心を持ってもらいたくない」と思っている永久与党の利権政治家たちが選挙に関する規則を独占的に決定してきた事実こそ、投票率の向上が進まない最大の理由だったのであるから、総務省の言《ことば》は空々しい。

とはいえこの資料は、選挙の投票をしにやって来たら商品券を提供するというような「選挙割」ということを提案しているわけで、これは注目すべきだ。

だから、「万円万来選挙」制度の採用ということも、投票者に給付する報賞金額についての議論はあるだろうが、政府側としては〝論外の非常識〟ということにはならないだろう。

野党の誰かが強く主張要求するようになれば、この制度を受け入れる土壌が生まれる可能性は十分にあるのだ。

更に〝勧善懲悪〟という意味では、この「万円万来選挙」制度の逆バージョンになるけれども、棄権した者への処罰という制度もあってもいいだろう。

投票してくれたら一万円の報奨金を支給するというのが「万円万来選挙」制度の眼目なのであるが、それでも投票しない不真面目な人には罰金を課すという対策を講じたり、さらには五回連続して国政選挙に棄権したら公民権の行使を暫くは停止させるというような罰則を科してもいいかもしれない。あるいは国民投票制が採用されたら選挙への棄権者には投票させないという手もあるかもしれない。

現行憲法は第一五条で「すべて選挙における投票の秘密は、これを侵してはならない。選挙人は、その選択に関し公的にも私的にも責任を問われない」と定めているが、この規定を侵さぬ範囲で選挙管理委員会が有権者各個の投票歴（投票先の政党や候補者ではなく〝投票したか否か〟の事実のみ）のデータを保存することは、制度的に可能であろう。この有権者各個の投票歴データの保存という案件については、個人情報の漏洩や乱用を恐れて保存すべきでないという批判が沸き起こる。

だが国や地方自治体の機関は、たとえば戸籍や住民登録データから各種免許に至るまで、すでに無数の項目について、国民各個の個人情報を集めて管理しているという現実がある。個人情報データを正確に収集保存し、漏洩や乱用を防止してきた実績が公的機関にはあるわけだから、対応の仕方はあるという前提で、有権者各個の投票歴データは保存し続けることにする。

たとえば衆議院選挙で棄権した有権者（仮に「A氏」としよう）がいるとしよう。この

A氏がある国民投票案件について投票すべく、投票所の電子投票機と対面するわけだが、投票画面に投票者の識別過程の途中でこんなメッセージが表示されるのだ。「あなたは第○△回の衆議院議員選挙で棄権をしてご自身の現政権に関しての意思を表明していないので、現政権ついてのあなたのご見解を今回の国民投票で受け付けることはできません」ということで、終わりということになる。

電子投票システムにおける二重投票を防止するためには、個人の投票に関するほぼ全てのデータを保存しておかなければならないのだ。保存することで当然データの毀損、紛失、その他のトラブルが発生する危険性が生じることになるので、こうした不祥事を防ぐ手段を講ずるのは言うまでもない。

ハッカーのようなシステム破りやサイバー攻撃に遭う可能性もあるだろうが、そうした積極的攻撃を阻止することは可能であると信じたい。なにしろ個人情報がすでに公的機関によって収集保管されているわけで、投票歴のデータ管理の危険性を心配する以前に、これら膨大な種類の——たとえば「マイナンバーカード」の土台を成す「マイナンバー（個人番号）」のような——個人情報の漏洩乱用防止と絶対的な保管について心配せねばならないはずなのだ。

投票率向上の決め手──「万円万来選挙《まんえんばんらい》」制度とは

さていよいよ「万円万来選挙」制度の内実について記していくことにする。

「万円万来選挙」制度は現在の日本の選挙制度とほとんど同じ組み立てになっていると、ここでは考えてほしい。実施するとなれば現状の公職選挙法を見直すべき点も多数でてくるであろうが、とりあえず現行の選挙制度と一つだけ大きく違うところを説明する。

国政選挙で棄権した有権者国民に対して現行制度は冷ややかで、ほったらかしにしている。それゆえここで提案する「万円万来」の選挙制度は、一見すれば表面的に見えるかも知れないが、しかし奥の深い目的はあるわけで、ここではまず選挙での棄権者に〝行動誘因〟を与えることで、何とか投票をさせるようにするという試みである。すなわち投票率をせめて七〇％以上に引き上げるためにインセンティブシステム（＝報奨制度）を新たに用意したのである。

つまり選挙の時、全ての投票者に、どの政党や立候補者に投票してもいいので、とにかく投票したら一人に一万円、国から投票者に支給するという制度を政府に採用させる、という構想に他ならない。

もちろん自公連立政権がこんな制度を採用するわけはないから、本来ならば野党がこれを共通公約に掲げ、政権奪取をめざして選挙戦を戦い、勝利して与党になってこそ、初めてこの「万円万来選挙」制度は実現されるのである。

更に言えば、アメリカやその他の国々ですでに実施されているような〝投票所に設置した投票機〟で投票するという方式を一気に跳び超えて、スマホやパソコンを使って在宅や勤務先あるいは出張先の外国からでも投票できる（暗号通信アプリを用いた）インターネット投票方式を採用すれば、投票所にいく必要もなくなる。

投票しなければ、すなわち棄権するような人は、「一万円もらえないよ」という制度でもある。

そしてこの「一万円もらえる制度」のことを世間の人々に広く知ってもらうために付けた名前が「万円万来選挙」制度である。

文字どおり選挙で一万円をやりとりするわけだから、そのまま「一万円選挙」としてもよかったのだが、あまり露骨すぎると思い、数字の一を取って、千客万来のイメージで「たくさんの人に選挙で投票してもらいたい」という願いを込めて「万円万来選挙」制度と名付けたわけである。だからもっとふさわしい名前があれば変えてもいいのである。

金で国民を釣るのかと言われればその通り。優雅な話ではない。

でも他人様のこととはいえ、金銭欲・名誉欲・食欲・性欲は人間を大いに奮起させてきた原動力なのだから、「万円万来選挙」制度で一万円という〝報奨金〟給付を導入することは、有権者である国民大衆を政治に駆り立てる確固たる〝動機づけ〟になるはずだ。

だからきれいごとではないが効果のある手段としては、金銭がふさわしいわけで、「投票に参加してくれたらあなたの性欲を満たします」では別の大問題になってしまうから、さすがにそんな推薦や提案はできないわけだけれども……。

この新選挙法を実施したら一人一万円に目が眩んだ人たちがたくさん押し掛けてくる選挙になるはずだが、それはそれで素晴らしい効果だと思う。

一万円ごときでは目が眩まない政治的特権者たちが、今の制度でうまい汁を吸っている。彼ら特権者こそが、ほんの一万円ばかりに目がくらんでしまう一般庶民には選挙で投票させたくないわけである。そうした政治的特権者たちが〝公金搾取〟の拠り所にしてきた〝永久独裁〟政権の支持者の願望やら依存心理やらを巧みに籠絡してきたのが現行制度であり、政治の現状なのであるから、こういう制度を導入すれば、現体制を倒すまでもっていける可能性は高まるはずだ。この新選挙制度に革命誘発の効果を大いに期待するのである。

そうであるなら、この制度の導入で投票に参加してくる国民大衆こそが、名実ともに第二維新（近代日本の第三革命）革命の〝担い手〟ということになるであろう。「万円万来選挙」制度では、投票すれば直ちに投票者の指定銀行口座に、一万円が振り込まれることになる。

これで投票率が一〇％、もしかしたら二〇％でも上がれば、民主主義政治の健全化の費用としては安いものだと思うが、しかしながら、この制度の被害を受ける〝旧来政治の特権階級〟からの抵抗はものすごいはずで、本書で「万円万来選挙」制度を提案した私もまた、〝旧来政治の特権階級〟から報復の対象と見なされる危険は十分に承知している。命を狙われることになるかもしれないが、その時はうまく隠れて逃げきるつもりである。

政党助成から国民助成へ

投票を義務化するのであれば、その義務を果たした国民に手当を支給するのは当然の道理である。政治家や官僚に給与を支払うのと同じように、国政の根幹を造り出す最も重大な〝お勤め〟である選挙投票を遂行した有権者国民に対しては、報奨金を給付するわけである。

立候補者だって、わざわざ自分たちを代表に選ぶために国民に投票所まで〝足を運んでもらう〟のは、忝《かたじけな》いというか、申し訳ない気持を抱くこともあるのではないか。だからこそ電子投票にすべきなのであるが。多くの人にとって、投票すれば義務を果たせるだけでなく一万円がもらえる。

この違いは大きいと、貧乏人の私は痛切に感じるわけである。

試しに私は、四〇人ぐらいの人にこの選挙法のアイディアを話してみた。二人の知性派から反対はされたが、残りの人は、それなら投票に行くし、行く人も増えるのではないかという賛成の意見が返ってきた。

われながら、投票率は相当上がるのではないかと、ほくそ笑んだ次第である。

「万円万来選挙」は一回行うだけで、投票給付金が一万円×一億人余りの全有権者数となるから、およそ一兆円余りが必要となる。この制度で六千万人から七千万人ぐらいの人が投票することになろう。確かに巨額の費用がかかる選挙にはなるけれども、消費税を〇・五%ぐらい上げれば充分に賄える。

消費税を〇・五%上げることで、それで皆さんの懐が痛む、と感じられるかもしれないが、そういうことにはならない。なぜなら皆さんが支払った増税分の消費税はそのまままべて「投票給付金」の原資に充てられて、国は選挙の時に投票した人に対して一万円を支払うわけであるから、プラスマイナスはゼロとなるからだ。

しかもこの一兆円の支出は政府の景気対策が目的ではないが、この国民給付は一種の景気対策として非常に実効性が高いのだ。なぜなら従来の景気対策は、すでに失敗した「安倍の経済再建策《アベノミクス》」の「おこぼれ浸透」政策（＝政府が富者や大企業を最優先に支援することで、上流階級で潤った富が下層階級にしたたり落ちて社会全体に行きわたることを期待した、経済優遇政策）のように、政府が建設業者とかさまざまな企業を介在させるというお決まりの手口で「景気対策」給付をばらまくことで、その支出の大部分が業者に吸い取られてしまうので、政府の支出が初めから構造的に国民全般には行きわたらない仕掛けになっている。

これに対して、「万円万来選挙」の一兆円もの巨額の投票手当は、丸ごと最終消費者の国民に直接行きわたるわけである。そしておそらくその大部分は消費に直結されるであろうから、消費経済を活性化するにはこれ以上に即効性のある効率の良い景気対策はないはずだ。

もう一つの手当の支給方法――「投票富くじ」

投票手当の支給方法としては、選挙の際に「投票富くじ」を実施するという奇策もある。全投票者に一万円ずつ払うのではなく、予算は一人当たり一万円を用意するがこのうち三千円だけは直接投票者に支給することとし、残りの七千円――これは七千万人投票すればその総額は四千九百億円になる――を宝くじの元資に充てる。

そして選挙投票が終了すると同時に全投票者を対象とした「投票富くじ」抽選会を実施するわけである。具体的にはこの選挙の投票データ全体からランダムに投票者のマイナンバーを抽選して、「富くじ」当選者を決めて既定の金額を配るのである。

この方法を採用すれば、投票した瞬間、マイナンバーでの当選者にはすぐ配当金として桁《けた》外れの金額が振り込まれるようになる。この「投票富くじ」方式であれば賞金一億円だと四千九百人に当たることになる。一千万円なら四万九千人に当たることになる。この他にも色々なおもしろい方法があるはずである。この方式の方が刺激的で面白そうだ。

政治家や官僚の義務と、国民の義務

政治家や官僚の仕事を「公務」というのであれば、国民の選挙時の投票も「公務」といえる。この考え方が、投票した有権者国民にもれなく「投票給付」を支給する「万円万来選挙」制度の正当性の根拠を成す思想に他ならない。

だが同じ「公務」といっても、その内容は大きく異なる。政治家や官僚は自分の「公務」を果たすことで報酬を得ている。それに対して国民が自分の「公務」を果たしたところで現在は無報酬なのだ。専業か否かという違いはあるが。それにしても随分な〝待遇格差〟なのである。

今のところ「議会制」民主主義を成立させるための投票は、国民にとってはボランタリー（＝あくまでも自発的志願による無償の御奉公）ということになっている。政治家や官僚はボランタリーではない。

政治家や官僚の仕事は民主主義政治の表面（あるいは表方）を成すが、その裏面（あるいは裏方）を成しているのは国民の政治参加に他ならない。このコインの裏表のような相補関係があってこその「議会制」民主主義政治なのであって、どちらか一面だけの政治は成立しない。

こう考えれば、裏方（＝国民の政治参加の側面）が衰退して消えそうになっているいま、主権者の投票行動に対して当然、その行動を奨励支援し、いっそう強化するための仕組みが「議会制」民主主義政治の中に組み込まれて然るべきではないか。

つまり「議会制」民主主義の社会を維持し、再生産して行くために絶対に不可欠な、有権者国民の「投票」という労働行為に対しては、それに見合った報酬が支給されて当然なのである。一万円という少額ではあるが。

政治家や官僚の業務遂行に報酬があって国民にその報酬がないのがそもそもおかしいのだ。

だから、選挙の投票に対して一万円支払うというのは、それこそ国家の義務であり、報酬を受けとるのは国民の権利でもあると考えるのが至当なのである。

一万円の効果

一人投票に行くと一万円。夫婦で行くと二万円。

家計に余裕のある夫婦なら二万円を手にすればちょっとした贅沢ができる。投票の後、しゃれたレストランでフランス料理のコースを味わえるかもしれない。贅沢の度合にもよるが、家族で回転寿司でも行けば、お金が余るかもしれない。

二万円が即座にお米代に変わる夫婦もいるかもしれない。一円でも安い卵を求めてスーパーのチラシを貪り読む主婦たちもいるのだ。一か月の〝お小遣い〟が昼食代も含めて三万円以下などという悲惨な（もしかしたら普通なのかもしれないが）サラリーマンやワーカーもいる。

こういう人たちにとって一万円は魅力的な〝可処分所得〟である。これがまさに政治に対する国民の覚醒を促すことになるはずだ。

それとは逆に、家賃が月額二〇〇万円もするような一等地の高層マンションに住んでいる人であるとか、田園調布あたりの高級住宅に住んでいる人たちにとっては、一万円は〝端金〟にすぎず、無感動なお金であろう。

「投票に行けば一万円もらえる」という制度は、一万円というお金のありがたみを充分に知っていて、経済的に比較的恵まれず選挙で投票所に行く余裕のない人たちを、確実に投票所に向かわせることになる。これこそがこの「万円万来選挙」制度の本当の狙いであり期待すべき効果なのである。

この新制度（＝「万円万来選挙」）を実現させようとする野党に対して、日本政治の利権を享受してきた自由民主党からは「大衆迎合の愚策である」とか何とか屁理屈をつけて反対されると思うが、今まで棄権していた人たちも「万円万来選挙」制度をきっかけにして投票するようになれば自分自身の政治参加意識が高まり、どんな政治家や政党や政策に投票すれば自分にとって有利か不利かを考えるようになる。

自分のやりたいことに反対する者に対して「ポピュリズム」などと批判して説明なしで押し進めてしまうようなファシズム的な政治はできなくなる。

政治は、投票率が向上するにつれて確実に民主主義の本領を発揮するようになり、政治家や官僚の不正を見逃さず許さない全国民的な陣容が育って行くはずだ。

「万円万来選挙」制度の要諦

ではその期待すべき「万円万来選挙」制度について説明していきたい。

まず、日本国民は個人にすべて番号が付けられている（マイナンバー制がいきとどいている）状態であることを大前提にする。

投票歴はすべて記録され、本人はいつでもその内容を確認できるようにする。当然であるが有権者の本人確認はマイナンバーカードでなされる。投票もマイナンバーカードでなされることになる。

原則として投票はスマホ、パソコン利用の電子投票とする。電子投票できない人は、スマホなどで一部採用されているように、選挙事務局と投票者との双方向通信によって選挙投票画面を共用してマンツーマンで投票行為を支援指導するのである。電話にて「万円万来選挙」センターの担当者を呼び出し、口頭で本人確認を経たうえで投票を行うこととする。この時に肝心なことは、「すべての選挙における投票の秘密は、これを侵してはならない」と定めた現行憲法・第一五条を遵守して、投票者の投票内容が選挙センターの担当者に明らかにならないようにすることである。そして有権者国民の投票歴は、選挙に関するデータセンターに永久に保管することにする。

こうして蓄積保管されている有権者国民の投票歴のデータには、いつでも有権者本人がアクセスでき、また投票行動の記録は預金通帳のように「投票記録通帳」を用意して記帳していくことにする。

この通帳の主な目的は、電子投票の正誤の確認検査をするときの原資料として用いることである。投票のための入力ができればマイナンバーカードをスマホで読み取る方式にすればよい。

当然だが、現行の選挙のように学校や役場などに設けられた投票所に国民が出かける必要性はない。電話感覚で二十四時間投票できるようにする。

選挙投票期間は、木金土日の四日間とし、金曜日と土曜日は休日とする。投票結果は即日公開できる。

立候補者の政見、公約、履歴等の情報は各立候補者に割り当てられた三十分番組の選挙区および全国における番組で報道する。ＮＨＫには付属機関として政治情報センターを設け、同センターが政治情報チャンネルを有して、「万円万来選挙」制度における立候補者の情報を常時報道し、国民は個別に立候補者に関する情報にアクセスできるようにする。

このほかの日々の国政に関する情報もすべてこの政治情報センターに蓄積され、国民はいつでも政治の情報を入手できるようにする。国会における過去、現在の政治家の発言、関連資料等に関する討議内容はすべてこのデータセンターに蓄積され、国民の要請に応じて国会議員の判断や行動に関する情報も、また各委員会の審議議事録なども、いつでも提供できるようにする。

公的私的な宣伝活動は与野党とも厳格に平等に行うものとする。立候補者は街頭演説を中心にして宣伝活動を行い、個人住宅への戸別訪問も許可する。但しテレビ放送による宣伝はＮＨＫだけとする。

《フェイスブック》や《X》や《ユーチューブ》などインターネット上の各種の情報共

有システムにおける選挙宣伝の扱いについても当然、一定の制限はされるだろうが、それはここで決することではない。

「万円万来選挙」では、ポスター張りなどは立候補者には効果が薄く、負担を強いることになるので行わないようにする。またポスターの枚数などは制限することがあってもよい。立候補にできる限り金銭負担がかからないように。そして宣伝力ではなく政策で選ばれるような配慮もして行かなければならない。そのほか国政選挙の微細な規則は改めて作らなければならないが、それもここで記す必要はないだろう。

ここで「万円万来選挙」制度の効果と影響力についても説明しておこう。

新制度といっても基本的には同じ選挙であるから、現行の国政選挙と同じ要領で行われることになるが、電子投票システムの採用によってほぼ自動的に処理対応が行われるものとなる。最初のうちは現行のやり方を一部併用せねばならないかもしれないが、必要に応じて臨機応変に対応していけばいいだろう。

蓄積された投票歴の個人情報は、然るべき情報センターで保管され、国民は必要に応じてパソコンやスマホを通じてそのデータを受け取ることができる。有権者国民が自分の投票結果についていつでも追跡できるような態勢を整備することが肝心なのである。

投票給付金の上限設定について

一回一万円とする。

この「万円万来選挙」制度が少しでも成功すれば、おそらく政党間、議会と官僚機構、在野勢力と政界、さらに民間の各層や各種集団のあいだで、投票給付金の金額争いが始まると思う。

そんなことになれば、今まで棄権していた人たちを目覚めさせてこの制度の最終目的を実現させるという趣旨が蔑ろにされて、それこそ一円でも高い条件を出しあう政論合戦になってしまうかもしれない。

そんなことになれば選挙はその本来の目的を見失って投票給付金を手にするだけの機会になり果ててしまう、という虞《おそれ》はあるかもしれない。

そういうことが起こらないように、あらかじめ投票手当の金額の上限を決めておき、どうしてもこの上限の金額を訂正する場合は、国民投票で決定するようにしておく配慮も必要である。

3　選挙での国民の投票を義務化すべし

国民の投票がボランタリーであってはならない

国民主権の民主主義政治を成熟したものにするには国民ができるだけ政治に参加するようにしなければならない。政治家だけが一所懸命に頑張る、というやり方で民主主義政治が良くならないことははっきりしているだろう。しかし国民はロボットでなく生きた人間だ。その自由意思を有するはずの人間の行動を変えるというのは非常に困難なことなのである。

しかし仮に国民が自ら「政治に参加する」意思を持ったとしても、主権者が投票してもしなくてもどちらでもいい、という現状であれば、投票しないことも大いにあったわけだし、それが罰せられず認められてきたので、国民が全く投票しなくとも立候補者がいれば議会が正式に成立してしまうという〝不条理〟が発生し得る現状を生んでしまった。そして実際、日本各地の小さな町や村などでは首長や議員の現職以外に立候補者がなく、きわめて低い投票率のまま「無風選挙」で、現職が自動的に何期も繰り返して地方政治を牛耳っている事例が、数知れぬほど存在しているのだ。

これは絶対におかしい。本来ならば、国民が選挙の時には進んで投票し、「万円万来選挙」制度の採用などと叫ばなくても、少なくとも投票率が七〇～八〇％を維持している状態が理想なのだ。有権者国民の積極的な政治参加が決して「異常事態」というようなことにならないような政治生活を、国民が享受できることが望ましい。

現実にはインセンティブ・システム（＝報奨制度）など用意せずとも高い投票率を維持している国々が北欧などに存在しているわけで、そういう国々と日本を比べて見るならば、日本は国民の意識が民主主義政治と適合調和していないのかもしれない、という懸念を抱かざるを得ない。

とはいえ、現行では五〇％を切りかねない――つまり有権者の半数が「棄権」を決めこむほどの――危うい状況なのであるから、少しでも投票率を上げるために迷わず手を打つべきだということに異論をはさむ人はいないだろう。

「万円万来選挙」制度の導入による選挙革命は、投票率を飛躍的に向上させ、それによって国民の政治生活に新たな活力を生み出し、この新たな国民的活力によって戦後から今日にいたる反動保守の権勢、すなわち法律や憲法の解釈をどんどん歪曲変改して日本列島を荒らしまわり、巨大台風のように突き進んできた自民党政権を倒し、第二の明治維新に比肩しうる斬新な社会革命を目指そうとするものだ。

「万円万来選挙」を導入したとたんに、これまでの選挙で棄権していた人すべてが目覚めて直ちに第二維新（近代日本の第三革命）が起こる、ということにならないかもしれないが、何回か投票して政治との距離を縮めていけば、日本の社会と政治風土は根本から変わって行くはずだ。

私の提言はドイツ観念論の哲学者のように難解なものでは決して無い。「選挙で投票したら一万円もらえるようにしろ」とか「世襲議員なんて民主主義を腐敗させる元凶なのだから制限しろ」とか「明治憲法下の〝天皇主権〟時代の貴族院でもあるまいし、国民主権の現代では〝第二院〟などと呼ばれている参議院は衆議院と重複していて無駄なだけであるから廃止しろ」と言っているのだから、小学生でも理解できるはずだ。

参議院の廃止論に関していえば、新提案を実現させてその効果がどうなるかは私でも分からないから、まずやってみて、やはり参議院は必要だね、となれば、再び参議院をつくればいいのだ。この〝社会実験〟は、仮に失敗したところで日本国が消滅してしまうほど死活的な実験というわけではない。参議院の廃止は、参議院議員にとっては生活にかかわるかもしれないが、反射的に反対するのではなく、賛成に回った方が良いだろう。

なぜなら、参議院を廃止するには現行憲法を改正せねばならず、憲法改正を発議するには両議院の総議員の三分の二以上の賛成と、発議後に実施される特別の国民投票または選挙を通じた有権者国民の過半数の賛成が必要である（憲法第九六条）。つまり一番最初の段階で参議院議員の三分二以上の賛成が必要なのだから、政局の潮流が「参議院廃止」に向かっている場合には現職の参議院議員に衆議院での活躍の場を与えるという〝復活策〟が検討されることになるであろうから。

この期に及んで「参議院継続論」にこだわりながら〝沈む船〟と運命を共にするよりは、衆議院に活躍を求めて生き延びるほうがよほど賢明である。

従来の自民党〝永久政権〟の腐れきった病巣を政界から、そして国民の政治生活から一掃するには、革命的な抜本的改革が何よりも必要だ。とにかく日本政治の良き可能性を目覚めさせることに全力を注ぐべきである。

本来、民主主義の政治は主権者が決定すべきものなのであるから。だから政治家が決めることはすべて仮決定とみなすべきだ。今の「議会制」民主主義という政治制度がよほどおかしいのである。

重要課題について与野党で考えが異なり「乱闘国会」になる、というのは「議会制」民主主義の本質的な欠陥の露呈に他ならない。「与党」も「野党」も、現状では原理的・構造的に有権者国民の「原始民意」を正確に反映した存在ではないし、その意味では正当な代弁者でも代行者でもない。いわば「与党」も「野党」も民意を離れて〝独り相撲〟をしているにすぎず、与野党間の「乱闘」や「牛歩戦術」とて、本質的には民意不在の〝国会プロレス〟の見世物に他ならないわけである。争論の果てに与党が強行採決で決着に持ちこむのも八百長でしかない。

だからこういう与野党が激しく対立する課題がある時は、与党が決めるのではなく国民が決めるべきなのだという道を作ることこそ制度的には進歩したやり方なのだ。

けれども「与党が決めるのではなく国民が決める」という政治決定の回路が生まれることとは、権力を握った与党にとっては不快きわまる事態である。だから与党の地位を占める者は、政治がどんなに酷い機能不全状態になっても、この「万円万来選挙」制度には絶対反対するだろう。

選挙での投票を義務化しなかったもう一つの理由

だからすぐにでも投票を義務化せよと言いたいところであるが、全てにわたって、権力者は自分たちの都合がいいように他者を支配する形で「統治」したいのだ。

民主主義政治だからといって、出現してくる全ての政治家が私心も支配欲求もない優秀な〝聖人君子〟である、などという話は、あろうはずがない。民主主義的な方法で政治家すなわち権力者を生み出すわけであるから、自由民主党の政治家たちをみれば誰の目にも明らかなように、多かれ少なかれ権力亡者が政界を跋扈するようになり、政界ばかりか財界・官界・教育界などに毒をまき散らすようになる。

権力者というのは如何なる政体においても、自分の政治に対して建設的であろうが批判的であろうが意見を言うような奴は嫌なのである。少なくとも自分の方から命じなくても忖度し、あるいは尊崇の念をもって従順に従う人間を好むというケダモノ的〝習性〟がある。

ついでにいえば、選挙に関することを法律で決めるということも、実にいかがわしいのである。法律で決めるということは、国会議員たちが自分たちだけで決定できるということではないか。

「定員削減」とか「世襲議員の制限」などというテーマに、国会議員が自ら進んで取り組むだろうか。ありえない話だ。

日本維新の会は「議員報酬と議員定数の三割減」をめざす「身を切る革命」を公約に掲げた。この新興政党が自らの公約を本当に追求して行くのか、そして誰の「身を切る」つもりなのか（まさか納税者国民に「身を切らせる」のではあるまいな）、慎重に見守る必要がある。

あたかも「憲政下では国民と国会議員との間に利害対立なんか起き得ない」という〝公理〟が存在しているかのように、立法し、その法を執行し、その法に拠って訴訟の裁定を司る〝三権の政治部門〟の公僕たちは揃いも揃って、〝権力者優位〟の方向に法律を転がして行くものである。

なぜならば、そもそも法というものは「法を作る権力」（＝立憲法）を有する権力者の創作物に他ならないからだ。だから権力者に対立する者が出現すれば、立法者が自分に有利になる法律を創作したり、既存の法律をそっちの方向に変えてしまうのは当然のことなのである。

4 投票手当を国民が受け取ることの正当性

まず公職選挙法を変えなければならない

「万円万来選挙《まんえんばんらい》」制度を導入するということは、そのまま公職選挙法を変えるという話に収斂してくる。

だから野党は「万円万来選挙」制度の採用を与党に働きかけて欲しいのだが、現在の公職選挙法の下で長期の安定政権を維持してきた与党の国会議員たちは、野党に有利に働いて政権交代を招きそうな選挙制度に改正するなどという話には、賛意を示すどころか大反対するはずだ。

しかし野党は諦めることなく次回の選挙でも前回と同じく公職選挙法の改正を掲げて闘い続け、勝利をおさめることで、この「万円万来選挙」制度の実現を図ってもらいたいのである。

但し、この選挙制度改革（＝「万円万来選挙」の導入）を公約に掲げて野党が選挙で勝利した場合は、速やかに法案を成立させて投票した人たち全員に投票手当が支給されるようにしなければならない。

そこで思い出すのが自公連立政権の「コロナ対策」給付金だ。国民一人当たり一〇万円の支給を決定したのは二〇二〇年四月一六日と、つい最近の出来事だったわけだが、この膨大な給付金は国会で審議と議決もせぬまま内閣が勝手に決めて実施したのであった。日本の政治もいざとなったら一二兆円の大金でも出せるのだから七〜八千億円の支給なんてやる気になればやれる金額だ。

一億人余りの日本の有権者のうち、「万円万来選挙」の導入によって投票率が八〇％にまで跳ね上がるとすれば、その投票者の全員に支給すべき「投票手当」の総額はおよそ八千億円になる。この八千億円というお金が投票者に支払われることの必然性と正当性は充分にある。当然、支払われるべきで、今まで支払われなかったのがおかしいのだと、日本国民ならば考えるべきだ。

なにも〝国会議員の歳費〟とか〝国家公務員の平均給与〟の月額と、同じだけの金額を投票者に払え、などと言っているわけではない。

国民が投票という行為をすることに報奨を一円たりとも出さないというのは、投票はボランタリーな行為とみなされているということ。それならば、政治家の方も生活費を稼ぐために別の仕事をもちながら政治に関する活動はボランタリーでやっていただくべきだ。それなら国民の投票行動についても現状のままでよい。

しかし「議会制」民主主義の政治は、国民が知恵を働かせてお金と時間をかけて余裕をもって真剣に代表を選びだすということが厳格に行われなければ成立しないのである。

本当は権利という以上に義務としての意義を強く考えざるを得ない。国民参政権の〝手段〟として憲法が定めた「投票」という行為は、ヨーロッパの近代「民主政治」発達史という観点から見れば確かに近代において「権利」だったわけだけれども、まがりなりにも「民主政治」の〝体制〟が確立した現代の観点から見れば、すでに「民主政治」成立の必須の大前提であり、「義務」と見なすべき行動だからである。それゆえ選挙に際しては、やむを得ない事情でもないかぎり棄権した有権者には厳しい罰を与えるべきである、とすら私は思う。

選挙は今後、電子投票になっていくであろう。わざわざ投票所に出向かなくてもスマホやパソコンから投票できるようになるわけだから、有権者国民を投票から遠ざけるような（投票所に行く時間がないとか、国外にいるので投票所に行けない、などの）物理的障壁は事実上、消滅するのである。そうなれば、反「議会」主義のよほど積極的な理由でもない限り、選挙で投票するのは国民の当然のつとめだということになる。

かりそめにも「民主主義」政治の国家である以上、有権者国民も、職業政治家も、同等の重要性をもって国政を成り立たせている。

これを大前提として、現実に日本では約一億人の国民が政治にかかわっているわけだから、国民が「面倒くさいから選挙に行かない」と言い出せば、与党の政治家は（もしかしたら野党政治家も）「占《し》め占《し》め、これで雑音に邪魔されずに済むワイ」などと内心ほくそ笑むかもしれないが、その時は国会議員の存在意義すら危うくなるわけだから、民主主義政治は今日の日本のように自己否定に陥ることになる。

政治家と国民は「車の両輪」を成している。だから国民にも投票手当を払えというわけ。ちょっと金額が違いすぎるけれど。

アメリカと日本の国会議員の報酬を比較しながら考える

私は大いにおかしいと思う。それは実に単純な疑問だ。

国会議員の政治活動をするのに諸々の経費が掛かる以上、歳費等が支払われるのは当然のこと。その内訳は、歳費（＝年間給与）、文書通信交通滞在費、立法事務費、賞与、JRや航空券の無料優待券などがあり、加えて公設秘書の給与など加えると八千万円近く掛かる。

更に政党助成金、居住施設費など加えると国会議員一人当たり一億円相当になるはず。ちなみにアメリカの連邦議会議員の歳費は一七万四〇〇〇ドル（二六一〇万円）。

この金額が多いか少ないかは、見方による。優れた成果をあげる政治家が受けるべき報酬としては安すぎる、という見方もあろう。

しかしサカナ釣りでオッチョコチョイな魚を引っかけるのに使う〝疑似餌《ルアー》〟じゃあるまいし、ただの人気とりのために公職選挙でオッチョコチョイな選挙民を引っかける〝疑似餌〟として政党に起用されて、国会では幹部の言いなりのことしかできないような員数合わせの陣笠議員などに一億円もの年間給与を与えるなんて、もってのほかである。

まして財政難なのだから、国会議員の定数削減とともに、こうした陣笠議員や〝能なし大臣〟どもの御大尽に大ナタを振るう処置を、政治改革の最優先事項に据えるべきなのだ。

それにしてもアメリカ連邦議会の上院議員一〇〇人、下院議員四三五人の合計五三五人と比べると、日本の参議院二四八人、衆議院四六五人の合計七一三人は多すぎるだろう。

アメリカの国家予算は二〇二四年度が六・九兆ドル（一〇三五兆円／一ドル一五〇円換算）で、日本の国家予算の約一〇倍の規模だ。つまり日本はアメリカと比べれば、国家予算規模は一割程度なのに、国会の両院議員の定数は一・三三倍（日本七一三名／アメリカ五三五名）、諸手当を除いた議員報酬（歳費）は一・五七倍（日本二七万四千ドル／アメリカ一七万四千ドル）と、国会議員に割いている国家資源の割合が異常なほど大きいのだ（尚、歳費のデータは《lovemoney.com》の世界議員報酬調査「This is what politicians get paid around the world」二〇一九年版による）。

日本維新の会が提唱している「国会議員を半減する」という主張は当然やり遂げなければならない話なのである。

ただし問題はそれだけでは済まないのだ。

国民は選挙の時に投票するだけだから金はかからない。至極かんたんでラクな、誰でもできる軽作業だ。近所の学校に歩いていけば交通費もかからない。――というのが国民は投票手当ゼロ円派の考えなのだろうが。

しかし選挙で真面目に投票した国民の立場から考えれば「国民をバカにするな！」と怒鳴りたくなるのは当然だし、その怒りは正しい。選挙の際には国民だって、各自それなりに政治に対して自らの考えをまとめ、前回の選挙の時に与党が公約を実現させたかどうかを思い出しながら、投票所に足を運んでいるのである。

ところが有権者国民にとってはまことに不本意なことに、少なくとも与党・自民党は自公連立政権のパーティ券の売り上げに関して法律で定められた政治資金報告をしなかったり、有権者が知り得ない闇の領域で裏金作りをしていたのである。「申しわけない、心から国民におわびしたい」と言いながら、政治倫理審査会の内容はマスコミには公開しないと言い張り、冒頭部だけは放送して実質審議のあとは非公開にしたいなどとぬけぬけと自民党議員の一部が言い張る。

こういう物言いが世間に通用すると信じて疑わず幼児的で愚劣な発言を繰り返している〝特権議員〟たちの醜態を、とくとごらんあれ。

この現況に対して我々国民が黙っていたら、政治に絶対的な権力を握っている自由民主党の事実上の〝専制独裁〟と政治腐敗と権力犯罪が罷り通ってしまうし、そうした政治の闇は隠蔽されたまま、世間に知られることのない惨憺たる世の中になってしまうだろう。

政治家たちが、政治腐敗や権力犯罪が世間にバレたにもかかわらず〝政治家稼業〟にしがみ付くことを国民が許容して、「怪しいことは国民が忘れるからそれまでじっと土の中でもぐっていよう」など世間を舐めきってモグラのように政界で〝地下潜行〟し続けるのを許していたら、政治はとんでもないことになると我々が気づき、判断し、自由民主党には今こそビンタを張らなければならないと思うのである。

そしてまた野党の声を支援する行動につなげていくには、政治家や政治に関する情報収集に国民が積極的に関わっていかなければならない。

そのためには、毎日かどうかは別としても新聞やテレビ、あるいはユーチューブぐらいは注意して観る生活習慣を身につけて、パソコンやスマホで、我利我利亡者《がりがりもうじゃ》で嘘つきで国民をナメきった自由民主党の国会議員の行動をできる限り監視し、追跡して行くことが、有権者国民に求められる。

いま現在の日本の有権者国民にしてみれば、〝特権階級〟も同然の国会議員の〝御子息〟でもない限り、ブラック企業と呼べるほど過酷な労働環境で低労賃で生命《いのち》を削って働き詰めて、それで手にした僅かな稼ぎも各種税金・年金・社会保険料の支払いで毟り取られ、異常に進む物価高のなかで〝その日暮らし〟の窮乏に喘いでいるのが現実なのである。

そうした窮状のなかで許された稀有の〝国民主権の行使〟である選挙での投票を、これは実際まことに〝高価〟で貴重で滅多にない権利だが、それにもかかわらず行使しないで済ませてしまうという主権者の心理と行動を、できる限り正確に分析しなければならないはずだ。その上であらゆる対策を考え出し、実際に実施してみるべきだ。実際に試して効果があれば棄権する人は減少するだろう。

お願い――「万円万来選挙《まんえんばんらい》」制度と野党の皆さんへ

「万円万来選挙」制度には、あくまで自公連立政権を打倒し、永く権力を握ることで蓄積されてきた諸々の不正と不手際を暴き、その責任を取らせ、悪しき事態を修正なり訂正させて、自公連立政権下では発揮されなかった日本国の可能性を引き出す意思と能力を持った政権の実現を促す目的がある。

つまり、この新制度は現在の野党のために用意されたものである。自由民主党のためでも自公連立政権のためのものではない。

但しここで一つ、心配なことを記しておかねばならない。たとえば与野党間で激しく対立する政治課題を決着させる目論見で裏取引（例えば官房機密費の授受）が行われた場合、仮に政権交代が起きても、与野党癒着の実態が完全に暴露されることになるとは限らないはずだ。で、ふと思うのである。自公連立政権の幹部が選挙で負ける可能性がいよいよ高まったと気づいた場合、政権を野党に譲り渡すことなど絶対できないと考えるはずだ。なぜなら政権を手放すだけでは済まないからである。政権担当時にはまんまと隠しおおせてきた秘め事や悪事の数々がさらけ出されて多くの逮捕者が出る恐れが多分にあるのだから。

だからそのことをなんとしても阻止しなければならないと焦り、後先のことを考えずに「もし皆さんがこの選挙で我が党に投票してくれたら野党が今要求している《万円万来選挙》制度を、我々こそが採用しますので、どうか自由民主党および我が党の立候補者に投票してください。投票してくれれば、すぐ皆さんに一万円の投票手当をさしあげることができます」というような演説やら選挙活動をされたら、これまで政治的実績がないために「口先だけ」と思われがちだった野党とは違い、「政権を握っている与党」だという印象づけの有利さもあって、国民の多くはその弁舌を信じて、それより先に提唱して新政策として打ち出してきた野党に投ぜられるはずの票が、そのまま自由民主党に投票され、政権を失わしめるどころか、選挙前に倍増する国会議員を誕生させてしまうようなことになる恐れさえありうるのだ。だからここで野党の人にお願いをしておきたい。

この「万円万来選挙」制度は、あくまでも野党の提案として、自由民主党よりも先に自分たちの提案として、できれば単独ではなく野党連合の共通の選挙公約の一つとして掲げてもらいたいのだ。

しかし、そうはいってもこの「万円万来選挙」制度は史上初の試みだから、容易に実現されるかどうかわからず、また効果の程も分からないから、慌てて飛びつかないほうがいいと考えて、野党は揃って無視を決め込み、なんらの反応も示さないかもしれない。

当然だろうが、それが油断となって自公連立政権に先手を取られるかも知れないのだ。だから最悪の事態も考えて、「投票手当」の給付金額も一万円にこだわることなく三千円ぐらいでもいいだろうから、とにかく共通公約にはして欲しいのである。

この「万円万来選挙」制度ほど直截的ではないが、自公連立政権は（安倍晋三首相時代の二〇一六年に）選挙権を二〇歳から一八歳に引き下げたために、「（高校卒業年齢の）若者たちにまで広く選挙権を与えてくれた」と感じた子供たちの多くが自由民主党の支持者になってしまったという事態が最近起きている。

こういう政策こそ本来なら野党が掲げるべきものだったのである。「若者への参政権拡大」を謳って青年層の心を掴み、自公連立政権に戦いを挑むべき絶好の機会だったのに、野党はその努力を怠り、青年層から愛想を尽かされるという大失敗をした。

同じような失敗を、私は野党の皆さんに繰り返して欲しくないのである。

「万円万来選挙」制度を自公連立政権なんぞに先取りされることの無きよう、くれぐれも御注意いただきたい。

5 「万円万来選挙《まんえんばんらい》」制度の真の目的——選挙で革命ができるはず

今、日本は第三革命期だと断定する

思えば明治維新の時は、政治的次元の抜本的な変化を感じ取れる時代状況があり、それを感じ取れる人たちもいたのであり、そのうえ革命をなす実力が——革命勢力自身の主観的な力量だけでなく、〝時の運〟も含めたあらゆる意味での客観的な力量が——革命勢力の側に幸いにも備わっていた。

つまり革命の「舞台」と、その舞台を踏む「役者」と、役者の努力を成就させる「実力」の、三拍子が揃っていたのだ。

そう考えながら現下の自公連立政権の実態に目を移せば、次元の変化をはっきりと覚知し、新たな国家目標を見定めて「日本丸」の進路を大胆に切り替えよと叫ぶ人は政界には

いない。まして現体制の限界を明確に意識して、今までとは異なったことをやり始めようとしている人たちなど、一億二千万人を超える日本国民のなかに殆どいないという、残念な現状なのである。

だから今、このニッポン国は、何が問題なのかも、どうすればいいのかも、誰も見定めることができない混迷きわまる状況になってしまっているのだ。

問題の核心も、その解決の要諦も、見定めることができないなら、成り行きにまかせて従来の路線をぶらぶらと所在なく歩き続ける他はない。一種の〝浮浪者〟である。だからこそ強い意志と力を持ったアメリカの言いなりにならざるを得なかった……という道理なのである。

この怠惰きわまる安逸なる道を自民党〝永久独裁〟政権が少なくとも六十年以上にわたって踏み続けた結果が、現在の日本の政治的・経済的「窒息」状況だということになる。

そして自民党〝永久独裁〟政権のこうした安逸きわまる政治的態度――端的にいえばアメリカの〝舎弟〟あるいは〝子分〟として日本列島を行政統治するという奴隷役人根性――の所為《せい》で、国政の荒廃は放置され、その結果生じてきた広範多様な社会問題に対しても、根治策どころか、その場しのぎの弥縫策すら覚束ない状況にまで日本を追い込むことになったのだ。
これは「現状維持派」が抱え込む宿痾《しゅくあ》である。権力を奪取した者とて――確かに自由民主党は、明治維新クーデターで徳川幕府から権力を奪取した辺境の下級藩士や下級貴族とは全く異質のアメリカに隷属しつづける買弁勢力であるが、連合軍の対日占領下でＧＨＱと吉田茂・自由党政権が築いたニッポン支配の権力を「再独立」に乗じて奪取したのである――この宿痾に取りつかれることになり、それが経年劣化して発症に至っているのである。

権力を持つものはいつの時代でも、持てる権力の誘惑に侵されてしまい、強権で他者を翻弄し、苦しめる。このサド的快楽は、麻薬のそれに近いと思う。こうした〝権力の魔薬〟に痺れた権力者は、儚い〝万能感〟に駆り立てられるがままに、本能をむき出しにして国家と国民を翻弄し、やがてそれらを死に至らしめることになる。これはまさに人類史の〝法則〟とも言うべき必然なのであった。

ここで、あらためて言わねばならないのは残念なことだし、私なりに憤りを感じることでもあるが、日本社会が適応すべき政治的・経済的・市民社会的な次元はすでに、とっくに変わってしまっていて、一九六四年「東京オリンピック」と七〇年「大阪万博」という

〝前奏曲〟に迎え入れられる形で登場した「今太閤」田中角栄政権のごとき、自民党全盛の政治経済の次元は、もはや古代の栄華にすぎないにもかかわらず、老衰して壊死しつつあるニッポン国家に新たな目標を与えて更生の機会を与え、国家と国民社会の再生をめざして改革に取り組む死活的な機会に、我々が直面しているのに、職業政治家である与野党の面々はいまだ惰眠を貪っているのである。

政権を受け持つ自由民主党は、日本の政治と経済を新たな次元に適合すべく、どう造り変えて行くべきか、答案を国民に提示して、国民と共に〝真の自由民主社会〟に向けた政治体制の変革を進めるべきであったのに、そういう問題意識すら持てず新しいことに挑戦する知的能力も持ち得ず、知的能力を有する人材を指導者に押し上げることもできなかった。

衣食住に窮する時代の政治には高度な知性は不要だ。通産・財務官僚でも、政治や経済に対応はできる。しかし衣食住の充実を達成し、次は何を整備すれば国民の幸福を更に増進できるのか、という問いと向き合う段階に進んだとき、真に哲学的な包括的なアプローチが要求されることになる。

「人間《ひと》がこの世に生まれ、この世に生きてその生を全うするのは何のためなのか」という根源的な問いにも通じる問題意識なのだ。

この哲学的問いかけは、人類が永遠に思案しつづけるであろう難題なのである。日本のこれからの新たな国家目標は、この難問に通じる重大な政策課題に他ならない。その実現のための戦略は何か、という課題に「正解」を出せる知恵は今もって誰も手に入れていないのだから、今後日本を指導していこうという政治家たちとて、必ずしも「正解」に辿り着けなくてもいいのである。

しかし、それでも絶えず変化を恐れず新しいことに挑戦する気持ち、精神を持ち続けて欲しいのだ。

国民主権の民主主義政治を実現するには、国民ができるだけ政治に参加するようにしなければならない。

更に、民主主義政治体制を維持している限り、現国家体制が腐敗して期待通りの機能を果たさなくなった時は、誰か「他人」がではなく、主権者たる国民自身が主体的にその政権を倒すだけではなく、新しい構想を用意して新国家体制への切り替えが成就するまで責任をもって「革命」を遂行せねばならないはずである。

十七世紀イギリスの清教徒革命と名誉革命、さらに十八世紀アメリカの独立革命とフランス大革命を経て、庶民も参政権を行使できる新時代が到来した。この「議会制」民主主義の新たな社会にあっては、これまでは少なくとも国民が選挙で投票することの政治責任を問われるようなことは皆無であった。

ところが民主主義体制下では、宣伝煽動に長けた大衆主義の政治勢力が人気を独占するに及んで〝民主政治〟を〝衆愚政治〟に変質させてしまい、かつての〝外科手術〟で「王政」から「民主制」に生まれ変わり、現代まで生きのびてきた〝革命後の新国家体制〟を間違って死に至らしめるようなこともあり得るのだ。

二十世紀前半のファシスト・イタリアとナチス・ドイツはそうした失敗の典型例であったが、これらの後を追った大日本帝国も、世界大戦で敗北し、連合国軍の占領下で滅亡したわけである。

民主主義の政治体制下でもしも正当かつ合法的に「革命」が起こせるとするならば、それはもっぱら「選挙による革命」ということになる。その場合の結果責任は全ての国民自身が負わねばならない、という道理になる。

選挙の魔力

「議会制」民主主義というのは最早「化石」のように形骸化してしまい使い物にならないとさえ言えるが、実は表には出てこない魔力を秘めているのである。

すなわち、日本政治の深部に巣くってひどい害悪を流しながら国家本体をも殺そうとしている政治組織――誰も手が付けられず野放し状態にあるがん組織――を、この「万円万来選挙」という特効薬を〝服用〟すれば、これ一発で現政権をノックアウトできるほどの未開発の「魔力」をこの選挙制度は持っているのだ。

単なる政権交代では終わらない、政治革命をも実現させ得る「魔力」を、「万円万来選挙」制度は孕んでいる。

この「魔力」を解き放つには、選挙がきたら第二維新（近代日本の第三革命）推進派の言うことを理解し、それに納得して第二維新（近代日本の第三革命）を掲げる政党にあなたが投票すればいいだけなのだ。

もう少し具体的に言えば、投票率が一〇～二〇％上がり、七〇％台になれば政権交代が起こり、この国政選挙を二～三回実施することで第二維新（近代日本の第三革命）の全体像が見えてくるであろうと想像しているのである。

第二維新（近代日本の第三革命）の実現を真摯に志向する政党が、あらかじめ用意した構想を着々と実行に移していけば、革命は起こるのである。

血は流れず、金持ちが「資産家」だというだけで処刑されたり財産を没収されることもなく、天皇制などにいささかの傷がつくこともないだろうと思う。

6 「万円万来選挙《まんえんばんらい》」制度への批判と反論

《チャットGPT》にお伺いを立てる

「万円万来選挙」制度の提案に対してどんな批判が出てくるかを、あらかじめ想定しておき、予想しうる批判に対する私なりの反論を、今のうちに考えておこうと思う。

「万円万来選挙」制度に関して、私が今の時点で想定できる非難を列挙すれば、概ね次のようなものとなろう。

――①「全国民を金で買収することになる」、②「金に釣られてでたらめな投票が行われる」、③「金がかかる」、④「電子投票になじまない人がいる」、⑤「世界に例がないわけではないが、自公連立政権の政治家たちは黙ってこんな制度を採用するはずはない。その抵抗を排除できるか」等々。

そこで先ず、この「万円万来選挙」制度の採用についてどういう問題点や悪影響があるのか、今はやりの人工知能チャットボット（＝対話《チャット》方式の人工知能）である《チャットGPT》にお伺いを立ててみた。

わずかな私の経験からいえば《チャットGPT》はとんでもない間違いを回答する可能性も孕んだ〝機械〟にすぎず、無批判に答えを信じたり、まして〝神託〟の如くに全面帰依すべきものでは全くない。

最初の基礎データの読み込みの段階で間違うと、そのことを指摘しても、修正の過程がまだ十分にできていないのか、それとも質問のしかたが悪いのか、私ごときの指図に対して、その正誤の判定が即断的にはできないのか、とにかく間違った内容が回答として出てくるので油断ができない。

《チャットGPT》のデータを修正しろと指示しても全然できなくて、質問のしかたを変えても同じ間違った答えが出力されるようなこともあった。

それでもインターネット百科事典《ウィキペディア》のようにあらかじめ登録された情報をそのまま辞書のようにして引き出してパソコン画面に掲げて示すというような単純な反応ではなく、《チャットGPT》は私の質問の意味を解釈し、ある程度理解して回答を文章化してくれる。

もちろん反論の余地なき完璧な回答というわけではないが、それでも私が気が付かないような指摘もしてくれるから、なかなか便利で有益なのである。

もし《チャットＧＰＴ》が更に知識を深め、論理解析の精度を高め、加えて人間と知識機械の相互意識疎通がよりスムーズになって相互の関係が極められていけば、きわめて多くの知識労働者を補助しうる有効な道具になると思われる。

そこで、我が「万円万来選挙」制度の問題点について《チャットＧＰＴ》とやり取りした内容を、以下に記す。

＊筆者の質問

国政選挙時に投票率を向上させるために、投票した全員に、政府が合法的に一万円という手当てを支給する制度の、懸念される悪影響について教えてほしい。

《チャットGPT》の回答――

投票者に対する政府の手当て制度が導入されることによって、いくつかの悪影響が生じる可能性があります。以下にその一部を挙げてみましょう。

一．票の買収：投票者に対する金銭的な手当てが与えられると、政治的な利益を求める人々や政治団体が、投票者に金銭を渡して投票させることが誘発される可能性があります。これは選挙の公正性を損なう行為であり、正当な民主的プロセスに対する脅威となります。

二．投票者の政治的意思決定への影響：投票者が金銭的なインセンティブを受け取ることによって、彼らの政治的意思決定が金銭的な利益によって歪められる可能性があります。つまり、政策や候補者の資質よりも、手当てを受けることによる直接的な経済的利益が優先されることが考えられます。

三．予算負担と公共資源の配分：投票者への手当ての支給は、国家予算の一部を占めることになります。これによって、他の重要な分野やプログラムから予算が削減される可能性があります。また、投票者に金銭的な手当てを支給することが、本来の公共資源の配分や優先順位付けに歪みをもたらす可能性があります。

四．投票率の向上効果の一時的性質：投票者への手当て支給は、一時的に投票率を向上させるかもしれませんが、その効果は持続的ではありません。この制度が恒久的に続けられるとは限らず、一時的なインセンティブとしての効果しか持たない可能性があります。

五．投票者の政治への関与の質の低下：投票者が金銭的な手当てを受け取ることによって、彼らの政治への参加や関与が金銭的なインセンティブに依存するようになる可能性があります。その結果、投票者が政治に対してより深い理解や関心を持つことが妨げられ、政治的な議論や対話の質が低下する可能性があります。

これらの悪影響は、投票者への金銭的な手当て制度が導入された場合に発生する可能性があります。そのため、政府が投票率向上を図るための方法を検討する際には、これらの悪影響を考慮し、バランスの取れた政策を設計する必要があります。

《チャットGPT》の回答に対する私の反論

まず《チャットGPT》に対して、日本の政治的現況に対する正確な予備知識を与えていないという大前提もとで作り出された回答だという事情を踏まえれば、この回答が抽象的かつ一般論的な内容にとどまってしまうことは、当面はやむを得ない。その点をご理解をいただきながら、この回答に対する以下の私の反論を読み進んでいただきたい。

一．票の買収　「万円万来選挙」制度は特定の政党支持者ではなく投票した有権者国民の全員に支払われる。だから特定の人を対象にしてお金をばらまくのなら、その「買収」は意味も効果もあるだろうが、この制度の目的は、今までの選挙方式では投票せず棄権していた人たち全員を対象にした制度なのである。

しかも支給について何ら特別の条件は付けてはいない。《チャットGPT》の指摘のようにこの制度は棄権している人たちを金銭で「買収」するという制度だと言うこともできよう。とはいえ、《チャットGPT》は「万円万来選挙」制度の趣旨を完全には理解していないか、「買収」という言葉の意味を常識的に判断しているのかもしれない。

「公務員に給付している月給や歳費のようなものを、選挙投票者にも月給や歳費として支払え」と主張しているわけではないのだ。衆議院や参議院の選挙の時ぐらいは、主権者である国民の真摯な政治参加の努力、投票行為に対して、せめて一万円の「投票手当」を報奨金として支給せよと言っているのだ。選挙の時の投票管理者や開票管理者の日当は、一万円を若干上まわる金額である。ちなみに国会議員の〝日給〟は（法律で定められた歳費から逆算すると）両院の議長が十万円弱、副議長が七万円強、一般の議員は六万円弱だ。

なのに彼ら〝高給取り〟を選んでいる有権者国民は、投票という〝労務〟に対して何らの報奨もない。〝高給取り〟の選民たちが有権者国民をタダ働きさせているわけで、これは一種の「やりがい搾取」とさえ言える。有権者国民を「投票手当」さえ与えずに選挙に動員し、それで「議会制」民主主義の擬制を取り繕っている現況は、財政的な理由で説明できるものではあるまい。問題はもっと深刻である。

現今の「議会制」民主政という擬制を維持するために、有権者国民を「選挙」に総動員してタダ働きさせている、という構造が見え見えなのだ。

今は与党の自由民主党があからさまに露呈しているが、自党に対する批判を組織内部の近しい同僚への愚痴にとどめ置かずに部外者にぶつける者を「裏切り者」と見なして排除してしまうような、「民主主義」の精神とは真逆の、この党派根性と秘密主義は、おそらく日本のすべての政党が患っている宿痾である。公然たる批判者を自党内にとどめ置けないような政党は、仮に与党になって政権を取るようなことがあっても、自由民主党がそうであるように、選挙の時に投票した人に一万円のお金を提供するなどという制度は絶対に採用しないと思う。

なぜなら「万円万来選挙」を導入すれば、投票率が、現状の「権利であるから勝手に自由に投票すれば」という放任状態よりも劇的に向上してしまうからだ。とにかく仮に「小銭が目当て」の不純な動機であっても「これまで寝ていた」膨大な数の有権者国民が選挙に参加するようになる。これは動機不純の政治を行っている政治家にはすごく嫌なことなのだから投票率を爆増させる〝特効薬〟はゴメンなのだ。彼らが嫌がることをやるのが正しい選択だといえるだろう。

しかし与党も辛いことはツラいのである。第一、「投票率が低くてもいい、低い方がいい」とは言えないのだ。

「とにかく投票してくれたら一万円もらえる」という選挙制度が、選挙自体と政治全体にどのような効果や影響を与えることになるか、およそは想定できるので、詳しくは記さない。お金を使わないで棄権している人に投票させる方策もあるはずである。が、それは自公連立政権からは出てこない。

二．投票者の政治的意思決定への影響　これも一．の問題と同じ、全員平等に配られるから、この制度を決めた政党への支持は高まるかもしれないが、それが特定の政治的・政策的意思決定は直接的な影響を及ぼすことはない。当面はあくまでも「受け取れるお金」が目当ての人たち（による投票）が増えるのだから。しかしこの制度を繰り返していけばその政治的効果は全く変わってくると思うのである。

三．予算負担　投票率が仮に八〇％に上昇したような場合、日本であると、一回の選挙でだいたい八千億円になる。大変な金額ではあるが、およそ一三〇〇兆円もの財政赤字を背負っているときに、一兆円以下の費用の支出増で投票率を一〇～二〇％上昇させ、数字上でとりあえず選挙を充実させることは、議会制民主主義の質的向上を図るための決定的に有力な施策となるはずだ。他の重要な分野やプロジェクトの予算を削減することが惜しまれるのなら、一兆円の国債を発行すればいい。でなければ無駄な経費を削ればいい。たとえばアメリカ軍の〝中古〟になった兵器や、技術情報を〝墨塗り〟で隠したまま日本に売り渡され、それゆえ日本が独自に改造することさえ許されないガラクタ兵器を、買わずに済ませて創意工夫するのである。核の時代に戦闘機を購入したり開発したって、空中戦で仮に日本が勝利しても敵国から数発の核ミサイルを撃ち込まれたら日本は終わりだろう。

こういうムダ金を、真に日本の民主政を「防衛増強」する政治インフラ（＝「万円万来選挙」制）の整備にまわせばいい。

「本来の公共資源の配分や優先順位付けに歪みをもたらす可能性があります」という《チャットGPT》の指摘は正しい。公共資源の配分や優先順位付けが間違っていると判断するが故に、この制度を導入しようと考えて提案しているのだから、問題点の指摘ではなく高評価ととらえたい。

更に言えば、この一兆円近い支出は多少なりとも景気に対する即応的な対策にもなる。

四．投票率の向上の一時的性質　「万円万来選挙」が一回の実施だけで済めばいいかもしれないが、政治の〝浄化〟と〝体質改善〟はそう簡単に成就できるものではないし、時間がかかるのである。そもそも選挙は、政治に対して、主権者である国民が、自己の政治に対する考えを、政治家という権能者に取り入れさせる唯一の機会なのだ。ところが現状はどうだ?

国会で繰り広げられているのは悉く与党の恣意的で独善的な政治なのだ。与党の政治家がどんなに破廉恥で無茶苦茶なことをしても、与党の思うままの政治にしかならないという極めて不健全な〝政治茶番劇〟が、外観だけは無闇に立派で尊大な大理石づくりの国会議事堂という〝芝居小屋〟で展開されている。

いっぽう国民はといえば、そんな腐り果てた政治に直接文句も言えず、ただ苛立ちをつのらせるばかり。しかし人間というのは憤懣をいつまでも腹の中に溜め込んではおけない動物である。

大規模で無秩序な都市暴動や打ち壊しを起こして、憤懣を破壊衝動として発散するか、常習的な万引であるとか駅員・店員・医療福祉介護職員や通勤通学中の若い女性や街中のホームレスなど、とにかく〝弱い立場〟の人たちに陰湿な虐待やセクハラ・パワハラを仕掛けて憂さ晴らしをするかで、国民大衆が自ら社会不安を増長させる行動に向かうことになるわけだが、いずれにしても政治と政治家を全く信用しない〝無政府状態〟が出現することになる。国民大衆がこうした〝無政府状態〟の選択に至ることのないよう、「万円万来選挙」は〝制度〟として定着させて、継続して行く必要がある。

五．投票者の政治への関与の質の低下　「万円万来選挙」制度は、選挙での棄権者を対象にしたインセンティブ・システム（＝報奨制度）である。今まで棄権せず投票していた人は、この制度が有ろうが無かろうが投票するはずである。〝救済の対象〟はあくまで棄権者なのであり、この制度で今まで棄権していた人が投票するようになるわけである。

しかしその結果として投票者の政治への関与の質が低下したり、政治に関する深い理解や関心を持つことが妨げられたり、政治的な議論や対話の質が低下するとは思えない。

たとえば「金をもらえるからとにかく投票はする」というところからスタートすることになるが、この時は仮に「でたらめな投票」をすると想定してみよう。

文字通り「でたらめな投票」であれば、統計的には与野党平均した分散投票になるはずだ。そういうことであれば、「でたらめな投票」は政治的に大きな影響はない。もし与野党のどちらかに有利な結果になるのであれば、それは「でたらめな投票」ではない。金銭を受けとってもその結果、政治的に自分の意思を政治に反映させたということになる。

また最初は「でたらめな投票」でも、投票を繰り返し、投票した後の政治の成り行きを見ていれば、次第に自分に有利になるような投票をするようになるはずだ。「大衆」は衆愚ではない。選挙投票という〝学習〟の場を与えて、投票行動という実体験を積めば、身を以って「主権者としての選択」のあり方を学ぶのである。

＊筆者の質問

世界中で同じような制度を採用している国家があれば教えてほしい。

《チャットGPT》の回答——

世界中で投票者に対する金銭的な手当て制度が採用されている国はいくつかあります。以下にその一部を挙げます。

一．オーストラリア：オーストラリアでは、選挙に参加することに対する報酬として「投票手当」が支給されています。これは、連邦政府や州政府の選挙に投票した人々に対して支給されるものであり、具体的な金額は地域によって異なりますが、通常は数十ドルから数百ドルである。

二．ブラジル：ブラジルでは、投票日に選挙場に出頭した有権者に対して一定の金額が支給される制度があります。これは「投票報酬」として知られており、一般的には小額の金額である。が、投票率を向上させるための一環として導入されています。

三．ベルギー：ベルギーでは、選挙に参加することに対する報酬として一定の金額が支給されています。この制度は地方選挙や国民議会選挙に適用されており、投票者に対して報酬が支給されます。

これらの国々は、投票率を向上させるために投票者に金銭的な手当てを提供する制度を導入しています。ただし、これらの制度が投票率の向上にどの程度貢献しているかや、その悪影響については国や地域によって異なる場合があります。

＊筆者の質問

オーストラリアの例をより詳しく教えてほしい。

《チャットGPT》の回答――

オーストラリアでは、選挙に参加することに対する報酬として「投票手当」が支給されています。この制度は、連邦政府や州政府の選挙に投票した人々に対して支給されます。

具体的には、以下のような特徴があります：

一．支給される金額：投票手当の金額は地域や選挙によって異なりますが、通常は数十ドルから数百ドルの範囲内である。選挙に参加したことを証明するためには、投票用紙に署名する必要があります。

二．支給の方法：投票手当は通常、銀行振り込みや郵送などの方法で支給されます。投票者は選挙に参加したことを証明するために必要な手続きを完了した後、手当を受け取ることができます。

三．目的：投票手当の目的は、選挙への参加を奨励し、投票率を向上させることである。特に若年層や低所得者など、選挙に参加しにくい人々に対して、金銭的なインセンティブを提供することで、彼らの投票率を増やすことが狙いである。

四．政府の関与：投票手当は政府が直接支給するものであり、公的な資金が使用されます。政府は、民主的なプロセスを支援し、選挙への参加を奨励するために、このような制度を導入しています。

五．効果の評価：投票手当が投票率の向上にどの程度寄与しているかは、詳細な評価が必要である。一部の研究では、投票手当が特定のグループの投票率を増加させることが示されていますが、その効果は地域や選挙によって異なる可能性があります。

オーストラリアの投票手当制度は、選挙への参加を奨励し、投票率を向上させるための一環として、国や地域で活用されています。

以上のような回答が返ってきた。

《チャットGPT》の回答も、もう少し、日本の政治のありようと比較して「万円万来選挙」制度を捉えて欲しかったという思いは感じるけれど、しかしいずれは人工知能も学習を進めてそのように賢くなるはずだと期待している。

今のところは凡庸な能力でとくに《チャットGPT》が優れた答えを出してくれたとは思わないが、それでも以上のような情報を自分で集めるとなれば相当苦労はしたはずだから、確かに便利なツールであると言えるのである。

7　「万円万来選挙《まんえんばんらい》」制度の実現を主導する政党は？

日本維新の会への期待と不安

有権者国民を直接には政治にほとんど関与させずに政治家だけで（「政治家の、政治家による、政治家のための」）政治を行っている現状こそが、民主主義政治の理念と根本精神を〝抹消滅却〟しているわけであるが、そんな政治が「民主主義」の名の下で行われていることこそ欺瞞であり、「民主主義の擬制」と呼ぶにふさわしい。そしてこの擬制を打ち破り、純正な民主政の実現に向けて突破口を拓く〝特効薬〟が、「万円万来選挙」制度に他ならない。

「万円万来選挙」制度の効用は、投票率の向上だけにとどまるものではない。この新たな選挙制度の導入によって、「議会制」民主主義の〝非民主的な寡頭政治〟という本質的病態は根底から揺らぐことになる。こうして〝民主主義の間口〟を拡げておいて、重要な政治課題に関しては国民投票を行うという政治参加方式に代表される直接民主主義的な要素を取り込みつつ、日本国の政治・経済・安全保障等について最終的には自立できる国家体制へと現体制を転換していく構想を掲げることで、多くの国民に希望を与えることができるのである。

自公連立政権の政治家が「政治屋」とか「利権政治家」の立場から抜けきれなければ、こういう政策は生み出すことは期待できない。どう考えても彼らには不可能である。そして残念ながら〝憲法に指一本触れさせないこと〟に大半のエネルギーを費やしてきた現今の主たる野党もまた、第二維新（近代日本の第三革命）の主体にはなり得ないと思う。

だが、たとえ〝革命の主体〟になり得ずとも、良き協力者、理解者であってほしい。それさえ無理だとしても、新しく生まれ変わろうとする政治革命の邪魔をする抵抗勢力などに、なってほしくはないと願うのである。

「革命」などと大言壮語するまでもない。少なくとも有権者国民を（投票報奨制度の導入で）自発的・積極的に政治に参加（さらに望むらくは「共同参画」）させるという民主主義の最も基本的で、最も高貴な目的を成就できるのである。純正な民主主義を実現する、という意味では、これはあらゆる意味で〝手間も時間も金銭的費用もかけず最小限の費用で〟実行できる方策なのである。

政治的コストの削減をやり抜くことだけでも非常に重要ではあるが、もしそれだけが目的ならば、コンサルタント会社——俗に謂う略称「コンサル」——に問題を投げかければ解決策が商取引上の〝商品〟として、提供はされるのである。但し、公共の機関である「政府」と、民間の営利企業である〝コンサル〟は、認識関心の在処が全く異なるのであるが。

政権を掌握していない野党の場合は、行動よりも、まずなにより国民の願い、希望を正確に組み込んだ長期ビジョンを——とりわけ自民党という保守政権では生み出し得ず、自民党が政権を取っている限りは実現できそうもない政策群を——打ち出し、それを広めていく地味で持続的な努力と優秀な頭脳が必要である。

そういうことができるのは、今のところは日本維新の会ではないかと思うのである。「タブーなき政策」を掲げられるのは、新参者の特権だからである。

他の政党では到底できないような思い切ったことをやり遂げてこその、日本維新の会である。日本におけるアメリカ買弁的な自称「保守」政党が半永久的に介在する形で、アメリカによって間接統治されてきた現今の国家体制である「敗戦復興体制」を、私が構想する新国家体制である「自主自立の国家体制」に切り替え、日本国の永遠《とわ》の繁栄を追究する革命の実現をめざすことは、日本の歴史において明治維新が語られ続けてきたように理解されると思うのである。

この路線を取り入れて大衆迎合主義の道を突っ走ってきた日本維新の会の行跡は、良かれ悪しかれ、現代日本政治史に、批判的検討を要する教材を提供することになるだろう。ただし、日本維新の会はまだ政界では新参者なので安心して任せられないという不信感を持つ人もいるであろうから、そういう人は野党第一党の立憲民主党に投票してもらってもよい。

現時点ではこの「万円万来選挙」制度に対する同意を、日本維新の会をはじめどこからも得ていないが、早急に賛同の意思を表してくれる野党なら、その政党の単独推薦ということにしてもよい。いずれにしてもまずは自公連立政権を倒すのが「万円万来選挙」制度の当面の主たる目標なのである。

国会議員はさまざまな意味で〝特権者〟である。近代民主政は、市民革命で王権を倒して民権による統治を確立したことで成立したのであったが、皮肉にもその民主政が「議会」を立法府に据えたことで、その「議会」の構成員である「議員」たちが新たな〝特権階級〟に成り上がったのだ。とりわけ国会議員が現代の〝特権階級〟であるという事実が、選挙制度の民主的な改革を阻む要因となっている。

国会議員にはだれでも容易になれるものではない。親譲りの世襲議員ならいざ知らず、語りつくせないほどの苦労と豊かな才能、そして幸運に恵まれなければ到達できないのが、国会議員の地位である。この地位の有り難みを国会議員は身に染みて分かっているはずだ。特に初当選してからの人生とそれまでの人生の中身のあまりの違いと、周りからの扱いの仰々しさに戸惑うことも多々あるはずだ。

それゆえに彼ら国会議員が「二度と今の地位を失うものか」という、〝特権身分への執着心〟に囚われてしまっても何ら不思議ではない。

だからダメだというのではない。人間は我欲と煩悩の動物なのだから、自己保身に汲々とする議員の生きざまは同情に値する。

このような国会議員たちにとってその判断や行動の基準になるのは〝自己保身〟できるかどうかだ。つまり国会議員の〝座席〟を今後も保障してくれそうな利権を優先し、反対に自分の国会議員という立場を危うくすることには大反対するという〝生存本能〟が働く。

従って、自分を今の立場に押し上げてくれた選挙制度改革するなんてことは、ほんのささやかな変更であっても強固に反対するであろう。

だからこそ、「万円万来選挙」制度の提案が重大な意義を持つことになる。「万円万来選挙」制度のような改革は自公連立政権の国会議員だけでなく、野党の国会議員も手を着けたくないと思うだろう。この制度の導入で政権奪取の機会が大いに高まるという触れ込みでもあるならば、それは野党にとってかなり魅力的であるから、少なくとも表面的には「反対」こそしないだろうけれども、積極的な支持を打ち出すのはやはり無理で、できれば政権奪取は「万円万来選挙」制度ではなく現在の選挙制度の下でそのまま実現する方が好ましい、と考えると思う。

だから「万円万来選挙」制度を実現させるための公職選挙法の改正が、与党の反対多数で不成立になったとしても、現在の野党が再度法案の成立に向けて活発に動くことは期待できない。特にぎりぎりで次点の立候補者と競り合ってかろうじて当選してきた国会議員など、よほど自分に有利な変更になると判断できぬかぎり、選挙法の改正には反対するだろうと思う。

それでも「万円万来選挙」制度は現在の与党にとって好いことは何一つなく、マイナスばかりだから、どうしても野党がその現行の公職選挙法を改正して選挙制度の入れ替えを推し進めるしかない。

「参議院廃止論」から考える日本維新の会の役割

民間企業では、無駄な経費を削減するためには、乾いた雑巾をさらに絞るほどの厳しさでギリギリまで突き詰めて考え、工夫して成果を生み出そうとする。

こういう精神――すなわち「資源の合理的な適正配分」のための「徹底的な倹約」の心構え――は本来ならば、官民を問わず持っていなければならないはずである。経済の領分では徹底的な倹約が進められているのに、「政治は経済とは別物」だと言い募って「政治で無駄金を浪費する」状況が許されてよいはずは無いのだ。

生産活動に直接的に寄与する機会を失った余命いくばくもない高齢の患者たちに年間何千万円もの医療費を投ずることは、それも政治の役割だと決めているならば無駄なことではないし、むしろ財政の許す限り高齢者にも超高額医療を施さねばならない。

どうしても必要なものに対しては、限界までの費用負担を覚悟しなければならず、反対に不要であるとなれば、大胆に削減しなければならないのである。

限られた資源を集中的に投入すべき最優先の課題――すなわち「絶対に必要なもの」――を選び出す作業は、資源投入を大幅に減らしたり後まわしにしたり、場合によっては停止すべき、「さほど必要でないもの」を選び出す作業でもある。

この取捨選択は、「絶対必要」と認められて予算が付く分野の関係者にとっては歓迎すべきことであろうが、「さほど必要でない」と見なされて切り捨てられる分野の関係者にとっては死活的問題となる。つまり死活的な利害対立が生じるわけだから、取捨選択の議論は容易には決着がつかない。これは政治分野も経済分野も同じ事情である。

ここで肝心なのは、政策の（財政的な裏付けを伴う）取捨選択をめぐる議論には一切のタブーを設けてはならないということである。だから我が国の場合は、天皇制の存否や運営方法についてであろうが（これは憲法事項だから当然であるが）、謎の多い一九八五年「日航機123便墜落事故」の徹底的な真相究明および情報公開と今なお事故への関与が疑われている自衛隊および在日アメリカ軍の航空管制も含めた日本の民間航空事業の抜本的な安全構築案についてであろうが、宗教法人やカルト集団の政治経済活動に対する課税政策も含めた管理規制策についてであろうが、点検対象にならないものはないのである。

たとえば参議院をどうすべきかという問題。端的に言えば「参議院廃止論」である。この参議院という立法組織がなければ、日本政治はどうしても成立しないのか、やって行けないのか。廃止する場合に新たに生じる諸問題に対して補償措置が完全に取られるのか否か、というような視点で考えてみることが肝要であり、そうすればおのずと正解に近い答えが得られるであろう。

この問題に関して言えば、一義的にはまず当事者である参議院、そして衆議院の国会議員が自らの責任で解決するのが、本来の民主主義政治の在り方であるはずなのだが、皮肉なことに、この種の問題こそ国会議員にとって最も避けたい案件になってしまうのである。

現実には、参議院でも衆議院と同じように政党支配が根付いてしまっているので、同一の案件に関しては、衆議院とほとんど同じ結果しか出せない状態で今日に至っている。

だから、新たな「革命」が起きぬままダラダラと現状の政治が続くなら、日本の政治構造は永遠に、まさに〝後生大事〟に参議院を抱えたまま継続して行くことになるだろう。魔女の呪いを受けて昏睡状態に陥り、棘だらけの荊の森に覆われてすっかり朽ち果てた城の中で王や王妃や家臣たちと共に〝百年の眠り〟に就いてしまったグリム童話の「眠り姫」のように、国会も暗黒の〝密林〟のなかで、死んだように眠り続けることになる。

だから、日本維新の会の代表者が、参議院は不要ではないかと疑問を発したことは、それだけでも大いに評価しなければならない。

「二院政でなければ絶対にだめだ」と決めつけないで、まずは参議院を廃止すべきかどうかの検討に真剣に取り組むべきなのである。

現今の（とりあえず憲法とは無関係の）制度上の欠陥のせいで政党支配が貫徹してしまった参議院なんて、衆議院と変わらぬ代物なのだから廃止すべきである、という考えが政界の内部から沸き起こってこない現状は、参議院に「問題がない」ことを意味しているわけではなく、国会が「民主主義」発達の歴史と背景思想を学ぶ意志も能力をも持たぬ〝我利我利亡者のタヌキとキツネ〟の餌場に落ちぶれてしまったという悲惨な病態を晒しているに他ならないのだ。

「参議院廃止論」に背を向ける参議院議員。そういう議員こそが、真っ先に辞職をしなければならない議員なのである。どうしても政治問題に取り組みたいというのであれば、衆議院選挙に立候補すれば政治家になれる機会はあるのだ。

ところで「参議院廃止論」を公然と提起した日本維新の会であるが、世論調査が示す日本維新の会への政党支持率は、彼らが肝入りで進めてきた二〇二五年《大阪・関西万博》の予算膨張と開催準備の〝破綻〟が仇となって、最近では急落を続けている（二〇二三年の衆参ダブル選挙直後の五〜一一月には支持率六〜九％で立憲民主党を上回っていたが、二四年二月には四％に下がり立民党に逆転された)。

これではこの先不安である。今こそ、大衆人気の先行で世間のその名を轟かせた「維新」の名に恥じぬような革新的な政策群を取り組むという〝困難な道〟を選択されることを期待するのである。

二〇二四年四月二八日の衆議院補欠選挙で、日本維新の会は惨敗を喫した。このことで意気消沈するかもしれないが、絶好の機会と捉えることもできるのである。かつての日本陸軍のように負けても負けても同じ戦略で突き進めば全滅してしまうが、大胆な方針転換を行うならば、〝自滅への行進〟を回避しうる。方針転換の好機でもあるからだ。

これ以上の転落を阻止するためには、戦略を変えなければならない日本維新の会であるが、「参議院の廃止」という、既存のどの政党も恐ろしくて言い出せなかったが民主主義の健全な発展のためには絶対に必要であり、この壁を乗り越えてこそ国民の信頼を勝ち得て「維新」と呼ぶにふさわしい新構想を、前面に出して敢闘することも可能となる、その第一歩である巨大な政治制度改革に命懸けで取り組むことを、期待するほかない。

日本はこのぐらいの変革をやり遂げねばならない時期なのである。こういう改革意識があるのは日本維新の会だけである。自民党の汚職代議士どもの脱落で生じた議席の空白を埋めるためだけに行われた地方の補欠選挙で無様な〝勝利〟を手に入れるよりも、今回の負けは日本維新の会には大きなプラスになった、と考えられるようになれば素晴らしいことになるではないか。

今の野党、勝利した立憲民主党は、自公連立政権に対して根本的なアンチテーゼを出さず、場当たり的に批判するだけで、結局反対しつつ現在の政治体制のなかで安住してきた政党である。ある意味で自公連立政権を支えてきた政党でもある。

この点で言えば、日本共産党は、まだ立憲民主党よりはましであると思う。日本維新の会は議会制民主主義という現体制、いずれ「旧体制」と呼ばれることになる現在の「議会制」民主主義政治を完全にバージョンアップ（＝刷新）させる旗印を掲げて、正しく立ち向うことができれば飛躍的な成長ができると私は思っている。

8 「万円万来選挙《まんえんばんらい》」制度の導入による第三革命の実現過程

「議会制」民主主義体制から「新真」民主主義体制へ

第二維新（近代日本の第三革命）とは、投票率を劇的に向上させることによって政権交代を実現させ、その上で、「敗戦復興体制」とでも呼ぶべき日本のこれまでの〝急場しのぎの擬制〟を、国民の意思で決定される正真正銘の民主主義体制へと変革して行く企てである。

その導入および進行過程は、以下のような段取りを想定している。

第一段階　野党連合（あるいは単独政党）を形成して共闘公約を設定する。

第二段階　「万円万来選挙」制度の採用で公職選挙の投票率を七〇％以上にする。

この段階で最も重要なのは、野党間の思想や考えを根気よく調整して、共闘体制を築き上げることである。

野党共闘をめざしても、各々の政党や政治家個人が有する政策なり政見を調整して摺り合わせる段階で紛糾してしまい、共闘の企みが頓挫して終わるというのが世の習いになっている。けれども本来は、憲法問題・安全保障問題・教育問題・財政問題その他の国策をめぐる基本的な認識なり意見の違いは、あって然るべきだし、独裁国家じゃないのだから、多種多様の考えがあることは誇ってもいいことである。

日本の政界ではこれまで、野党同士が喧しい意見の対立で紛糾している隙を突いて、与党の独断で政局を突破してしまうという〝三文芝居〟が繰り返されてきた。これが往々にして間違いのもとで、政治指導者であるべき与党の政権は、「主権者」たる国民を桟敷の端に置き去りにしたまま、破廉恥な顔見世狂言で〝大尽あそび〟を見せつけてきたのである。

しかし第二維新（近代日本の第二革命）の導入段階で要求される政治構造はこうしたドタバタ喜劇とは正反対の崇高な〝政事《まつりごと》〟なのである。政治家が自分たちだけで決めるために与野党間で闘うのではなく、お互いに相手の考えの短所を見出して、それを潰すために攻撃するのではなく、むしろ自分の考えの長所を提示して、交渉過程を明らかにし、すべてを完全公開して国民に伝える。

こうしてまずは「万円万来選挙」制度を導入し、投票率の向上を実現するとともに、重要な政治課題については、改めて「国民投票」を行うことを提案したい。この一連の投票制度改革により、主権者である国民の完全なる「原始民意」で決着がつけられるようになる。

ここまで来れば、異なる政党同士で意見の違いを無理矢理に調整することなどせずとも、そのまま国民投票にかけて決定させることができるはずである。

この国民投票で決着を付けようという時に、注意しなければならないことがある。「万円万来選挙」制度の導入に始まる国民の参政権の機会拡大を進めても、代議制における党派主義が改善されるわけではないから、自分の立場と政策が優利だと判断したらすぐにでも、勝手に国民投票にかけようとするような不純な党派的作為を生む余地があるので、国民への問いかけには「A党」案・「B党」案・「C党」案などに加えて、「国民投票には反対」という選択肢もつけることで、こういう策動を制度的に阻止して欲しい。言うまでもないことだが、国民投票はさまざまな点で、国民の完全なる平等を確保しなければならない。

だから、野党連合を成功させるためにも、国民投票制の採用を推し進めつつ、自公連立政権と戦ってもらいたいと願うのである。

「万円万来選挙」制度の導入以降は、以下のような順序で「革命」に至る。

第三段階　国民の気づき（政治参画への議会の増加により、国民にとって〝政治生活〟が身近なものとなり、積極的な政治参加意識が高まる）

第四段階　政権交代を実現させる

第五段階　第二維新（近代日本の第三革命）の発起

ここに提示した「革命」発起までの大まかな段取りに要する時間は、十〜十五年と見ている。その間に、衆議院と参議院で合計十回ぐらいの選挙を〝踏む〟ことになるという見通しである。

「国会議決」で行使される国会議員の一票というものを考えるとき、この「一票」が持つ〝国民主権の代行〟としての「民主的」正当性の薄弱さ——すなわち「議会制」民主政が宿命的に抱えている多層的な擬制のいかがわしさ——を思うと、国会の決定だからといって厳粛であるとか、まして神聖であるなんて、論理的にも感情的にも全く感じることはできない（国会議事堂という〝芝居小屋〟で展開される国会議員たちの〝神聖喜劇〟は、冷笑を誘う見世物でしかないのだ）。

与野党間で激しい対立を招く政治案件であっても、現今の政治権力構図の下では討論など意味を成さず、最終的に与党案で決まってしまうだけだから、その決定が絶対的に正しい決定だとは、決して言えないのである。

このように、現今の国会での審議や議決は、そもそも真正の民主主義からかけ離れた形ばかりの擬制なのであるから、国会議事堂と称する大理石づくりの〝芝居小屋〟で田舎の〝選良〟人士たちが人畜無害な軽演劇を繰り広げているかぎりは、我々はそれを冷笑しながら見ても居られる。

すなわち、特別重要でない政治課題に関しては従来通り問題の選別と審議と決議という全過程について、そのすべてを現行のように国会で決定してもらっても、重大な問題や支障は起こりそうもないと楽観視してもよかろう。

しかし与野党間や国会議員と、主権者である国民との間で、激しく意見や利害が対立する問題に関しては、従来のように国会に委せきりにしておけば、国民は〝無能の阿呆〟とみなされてしまう。

重要な政治課題は国民投票で決めるべし

重要な政治課題についての意思決定を、間接的「代議制」の国会ではなく、有権者国民大衆の直接投票に委ねる国民投票制が「議会制」民主主義に採用されることは、民主主義政治の根底にかかわる革命的な進歩であると確信する。これは現今の「議会制」民主主義政治という擬制に対する最大のアンチテーゼになる。

少なくとも「国会議員」だという理由で勝手気ままな議決権を認めている現今の「議会制」民主主義下における与党の独裁政治はこの方式では通用しないであろう。

内閣総理大臣が「集団的自衛権」の行使ができると考えても、それは国民投票を経なければ決定できないことになるのである。安倍晋三・元首相が二〇一〇年代半ばに国会強行採決でやり遂げた所謂「日米安保法制」――すなわち自衛隊の〝米軍下請〟制度――の確立のごとき国辱は、二度と日本の政治に起こしてはならないが、「議会制」民主主義のままでは完全には防止できない。

重要な政治課題の決定は国会議員に任せっ放しにせず、国民が直接決定する。こういう形が民主主義政治の真っ当なあり方だと私は信じる。

国民投票で決定すべき重要課題は事前に確定しておくが、場合によっては、事前に確定されていない課題についても、第一野党にその発議権を認め、第一野党の発議によって臨時に国民投票に付されて決定できるような民主的〝回路〟も制度的に確保しておく。

この制度が実現される時は、現在の与党である自公連立政権は恐らく〝野に堕ちて〟いるであろう。だから、この重要政策課題むけの国民投票制は考えようによっては、その時点での「野党」――つまり、その時まで自民党が解党せずに生き残っていれば、野党である自民党――のための制度でもあるのだが、自由民主党は恐らくこの国民投票制度の実施には、賛成しないであろう。なぜなら彼らの度し難い〝民主主義への嫌悪〟は、野党に転落しても治らないであろうから……。

「理想的な民主主義政治の形態?」と問われたならば、これまで本書でさんざん批判してきた「選挙」を主体とした間接民主主義の制度ではない、と答えるほか無い。すなわち「議会制」民主主義だけでなく、理想をいえば全ての政治課題、しかし当面は、多くの国民が重要だと考える政治課題に関して、国民投票で決着をつけることができる政治形態が、最善であると答える他ない。

重要な政治課題については、まず今までどおり与野党は各々の自分の考えをまとめる。そのうえでお互いの案を主張し批判しあうのである。

現行の「議会制」民主主義政治ならここで、批判などが議事堂のなかで交わされるわけだが、それは言ってしまえば形式的な〝茶番劇〟にならざるを得ないわけで、結局、審議など形だけで、国会は「多数決」原理で動くカラクリ仕掛けにすぎないから、野党案が与党案を打ち破るなどということはまずありえない。国会議員の〝頭数〟の暴力で、有無を言わさず与党案で決着してしまう。

この通り一遍の〝三文芝居〟を見せられるだけで、まったく口出しができない我々国民はシラけてしまうのである。しかし国民が「勝手にやっていやがる！」と国会を突き放してしまえば、政治は主権者国民から切り離されて、与党議員の〝私物〟になってしまう。

これまで提案してきた「万円万来選挙」制度にしても、重要政策案件に対する直接的な国民投票制度にしても、重要な政治課題については、与党の政治家に独裁的に決めさせないようにすることが、最大の趣旨なのだ。与党案がそのまま正式な決定になることを阻む、「独裁」阻止のために安全装置を、日本の政治制度の根幹に組み込むことを提案しているのである。

そうなれば与党も、野党各党も、お互いに必死になって考え、他党の案を批判してより優れた案を生みだそうとせざるを得なくなる。こういう状態になって、初めて国会の存在価値は高まり、審議は文字通り充実することが大いに期待できるはずである。ということは、ここで初めて「政治家」という職業の価値も高まるということにもなる。

そして、この「国会審議」の過程を経た後、民主主義政体における真の決定権者である国民がここで改めて〝政治の舞台〟に登場し、与野党案のどちらがいいか、国民が主体的に選択して決定するのである。

国民が政治の決定に直接登場するということになる。政治を自分のものにするということであり、「主権在民」とはこういう状態を指しているはずである。逆の視点に立てば、こういう措置が一切とられていない現今の日本の政治は、世界中の多くの「議会制」民主主義政治を採用している国々と同様に、「議会制」を実施しているとはいえ「民主主義の政治」(すなわち民主政)とは到底、言えないと思うが、どうであろうか。

アメリカ合衆国の政治なんか、とてもではないが「民主主義政治」なんて言えない。

なにしろ一九九〇年代からの〝IT革命〟以降、《グーグル》《アップル》《フェイスブック》《アマゾン・ドット・コム》のGAFAを筆頭に、最近ではAI（＝人工知能）用の集積電子回路の大量生産に秀でた《エヌヴィディア（NVIDIA）》などの経営者たちが天文学的ともいえる凄まじく巨額の個人所得を稼ぎ出していて、合衆国に住む貧困層――彼らとて半世紀前は工業生産に従事してそれなりに充分な収入を得ていた「中産階級」だったのであるが――との収入格差は途方もない規模に達しており、その超富裕層が支持する民主党と、没落した「中産階級」が支持する共和党との、まさに階級闘争が、現下のアメリカの政治世論に癒し難い断絶をもたらし、第二次「南北戦争」（＝アメリカ内戦）の危機を予感させるまでになっている。

重要性が低く、国民が直接決定に関与しない一般的な政治課題に関しては、「議会制」民主主義を名乗っているのだから一応そのメンツを立てて国会の決定を、すなわち与党の決定を黙認しても止むを得まい。日本の「国会」はその原理や構造からして、最初から「民主主義」に背を向けた擬制であった。これを「民主主義政治ではない」と全面否定して修正を試みたところで、民主主義政治の制度上の進化に大きく寄与することにはならないだろう。

国民の「政治参加」の直接的な制度と間接的な制度がうまく融合しあうことで民主主義

の政治形態は理想に近づくことになる、そういう制度進化の余地が「議会制」民主主義に内包されていると考えるのである。これは国民よりも、むしろ政治家が真剣に取り組むことが大事だ。

ならば、その「直接参加と間接参加の理想的な融合比率の数字はいかほどか？」という疑問が、何にでも即答を欲しがる慌て者から突き付けられそうであるが、これは現時点で答えを出すことはあまり意味がない。

論理としては五〇％台であろうと考えられる。なぜなら、五〇％台が損得やら有利不利の論争が起こらない〝主観的〟に無難な分配比率であると考えるからである。五〇％区分が崩れると、削られた方に不満が生じるであろうから。しかしそれにしても、有権者国民の直接的な政治参画の機会を一気に五〇％にまで引き上げることができるなら、もうそれだけでも現行の政体に比べれば大変な違いなのである。

但し、現実に政治が動きだしたときの成果によって、むしろその比率のバランスを崩した方が良いという経験を積むことになる可能性もあるから、政治家と国民はしっかりと協議の上、成果を正確に評価してその〝直間比率〟を適宜設定していけばいい。が、このとき注意しなければならないことは、バランスの変動に関しては政治家と国民はいつでも柔軟に対応し、その変動させた〝政治参加の直間比率〟を固定化させてはならないということであろう。

この点が、「議会制」民主主義政治は民主主義政治ではない、といわれる原因なのである。つまり「議会制」では有権者国民の政治参加が間接的な段階で固定化されているし、更にその「間接民主制」の内実を精査すれば、たちまち「民主主義」なんぞ名目ばかりの擬制にすぎないことが判明するわけなのだ。

この問題にしっかりとした対策を打たなければ、「議会制」民主主義はいつまでも、「上着は民主主義を羽織ってはいるけれど下着は江戸時代のふんどし姿のままだな」と言われ続けることになる。

ならば現今のままでは擬制の飾りものにすぎない「議会制」に、どうやって民主主義の〝生命〟を吹き込むことができるのか?

とりあえず必要なことは、国会の〝選良〟たちの〝自由裁量〟――有り体に言えば「恣意的専制」――に委ねておくわけには行かず、国民投票によって最終決定を行うべき「政治的重要案件」となる条件なり判断基準を、あらかじめ明確に定めて国民全体の了解を取り付けておくことである。

そしてまた、突発的に起きる政治情勢の変化についても、そのまま国会〝選良〟たちの「恣意的専制」に委ねるべきか、緊急の国民投票にかけるべきかについて、事前に対応策の指針を策定して国民の合意を取りつけるべきだ。

この難題をうまく解決できれば、「議会制」民主主義をその名に傷をつけず用いることができるようになる。むしろ、直接的「政治参加」と間接的「政治参加」の制度の良さがうまくかみ合って、さらに言えば〝化学反応〟を起こして、オール政治家だけの「議会制」民主主義政治とは全く別物の——単に混ぜあわせただけの混合体ではなく、水素と酸素の化学結合で水が生まれるような——劇的変化と効果を「議会制」民主主義に与えることになると私は期待する。民主主義政治の秘めたる真価が現れてくる、と思えるのである。「議会制」にまっとうな民主主義の〝生命〟を吹き込むには、少なくともここに述べてきた難題の数々を、勇気と知恵を振りしぼって解決して行くことが絶対に必要である。

これらの難題を克服するためには、政治家自身が、全ての政治課題について検討と審議と研究を常に充分に行い、政党も政治家個人も万全たる根拠に支えられた確固たる「政見」を持つとともに、国民への訴求を必須の任務として遂行することが肝心である。もっともこれは、政治家に課された〝本来の使命〟に他ならない。

しかし少なくとも戦後の政治家の大部分は、この使命の遂行をサボって、特権的な「恣意的専制」に現を抜かし、国民の血税に由来する「歳費」その他の俸給をむやみに喰らい続けてきたわけである。このように〝餓鬼〟のような生き方をしてきた政治家たちを、今こそ、その職業にふさわしい〝まともな人間〟に改良せねばならない。

政治家たちを、こうして本来の使命を遂行できる〝職業政治家〟へと再生し、彼ら各個が「政見」を確定したうえで必要なことは、その「政見」が正しく国民に伝わるように情報環境を整備することだ。ハード面、ソフト面で政治的な情報環境を整備し、政治家や政党の問題別の考え方を国民が理解できるようにしなければならない。

第二維新（近代日本の第三革命）では、このように、いずれにしても主権者の意思がさまざまな形で政治の場に直結していくことになる。そのための基礎固めが「万円万来選挙」制の採用なのである。

御参考までに、私の考えについての判断を再度《チャットGPT-3・5》に問い合わせた結果を以下に示す。

＊筆者の質問

スイスの国民投票制の具体的事例について教えてほしい。

《チャットGPT》の回答――

スイスの国民投票制は、国内の重要な政治問題や法案について、国民に直接投票権を与える仕組みである。ここでは、いくつかの具体的な国民投票の事例を紹介します。

一．移民政策に関する投票：スイスでは、移民政策に関する国民投票が頻繁に行われます。例えば、二〇一四年にはスイス人口の移民制限を求めるイニシアティブが可決されました。この措置は、ＥＵとの移民制限を設けることを求めるもので、国内外で議論を呼びました。

二．環境保護に関する投票：スイスの国民投票においては、環境保護に関連する法案やイニシアティブも頻繁に取り上げられます。例えば、再生可能エネルギーの推進や環境への影響を最小限に抑える政策の採択を求める投票があります。

三．軍事中立性の維持に関する投票：スイスは長い間、軍事中立の立場を維持してきました。そのため、軍事的な関与や国際的な同盟に関する投票が行われることがあります。例えば、軍事支出の削減や特定の軍事同盟への加入についての投票があります。

四．税制改革に関する投票：税制改革や財政政策に関する提案も、スイスの国民投票の主題となります。国民は、税率の変更や税金の使途、予算配分などについて直接意見を表明する機会を持ちます。

これらは一部の例にすぎませんが、スイスの国民投票は国の方向性を決定する上で非常に重要な役割を果たしています。国民は政策決定に直接関与し、政府の方針に対する支持や反対を示すことができます。

その他の、私がすすめる第二維新（近代日本の第三革命）における直接民主主義的政策について以下に記す。

首相公選制または大統領制の採用

江戸幕府第十五代将軍の徳川慶喜が大政奉還して、天皇の親政（＝天皇が親《みずか》ら政治を執《と》る体制）――すなわち「天皇主権」体制――が成立したわけであったが、現代日本は「主権在民」国家なのであるから、この国の〝執政者〟すなわち「内閣総理大臣」は従来のように「国会議員の中から国会の議決で」選ぶのではなく、全国民の中から全国民の投票で選ばれるべきであろう。

但し、「行政の長を全国民の投票で選ぶ」という発想は本書の主旨である〝直接民主制の追求〟という政治理念に合致しているとはいえ、大統領制の悪い例もたくさんあるから、国民が選べば政治の全てが最善になる、と保証できるわけでもない。

けれども大統領選挙制になれば――選挙資金の問題が出てくるであろうが法律で規制すればいいのである――何よりも政治に対する自分の考えを全国民に向けて発表し、国民を直接的に説得して賛同を得なければならなくなるので、政治の質が高くなることが期待できる。第二維新（近代日本の第三革命）の変革課題の一つとして、議院内閣制を大統領制に変えるという提案は単純明快でわかりやすい。しかもこの制度変更は、政治が大きく変革し、その変革に国民が期待を込められるから、政策として掲げる価値は高いと思うのである。

選挙区および選挙費用の世襲制限

これについては説明はいらないだろう。政治家の子供たちが国会の中でデカい顔をしていることへの悪評・悲嘆・憤慨を私も頻繁に耳にしている。こういう腐敗の横行が「政権与党」自由民主党の最も不快なところだ。

今は江戸時代ではないのだ。

息子や娘に跡を継がせたいというのは私情であり、私利私欲の極みである。こんなものは芥子粒ほど微小であっても政治の世界には絶対に持ち込んではならない。民主主義政治で最も嫌われることは「公私混同」であり、そのなかでも最も唾棄すべきは利己的で縁故びいきの私情を持ち込むことだ。「公共」社会を実現するための政治理念である「民主主義」にとって、「私情」とは、この理念を壊死に至らしめる毒素に外ならないのだ。

第二維新（近代日本の第三革命）を推進する新しい政治勢力から公職選挙に立候補しようとする者に対しては、政党の公認条件の一つとして「自分の選挙区と政治資金を、子供や親せきや伴侶およびその他の縁戚者などには譲渡しない」という誓約書の提出を義務づけ、これに同意する者しか公認しないという厳格な内部規律を徹底させることが肝心である。

ただ国会議員の血縁者の立候補は〝個人の権利〟として認められてしかるべきであるが、親の選挙区からは勿論のこと、親の選挙区と隣接する選挙区からも立候補はできないようにすべきであろう。全く親の影響が及ばない形で立候補して選挙で勝ちあがるだけの能力すら無い立候補者が政治家に成れてしまう現状は、本人だけでなく国家と国民にとっても不幸なことである。

「完全委託型投票」と「部分委託型投票」の選択投票制の採用

この場におよんで恐縮ながら、ちょっとややこしい制度を提案させていただきたい。見出しに示したように、国政選挙時に二種類の投票制を設け、そのどちらか一方を投票者が選択して、投票するということである。

具体的に説明して行こう。

あなたが選挙で投票するために、ご自分のスマホなりパソコンで投票画面を開いて、投票者の本人確認を終えると、次に「あなたは前回の選挙時の投票方式を今回もそのまま利用しますか?」と聞いてくるので、初めての投票である場合は、示される投票コースを選択して欲しい。

投票画面はこう聞いてくる。

> あなたは今回の投票でどちらの投票方法を選択しますか?
> (どちらか一つを選び、□にチェックマークを入れて下さい)
>
> A. 完全委託型投票 □
>
> B. 部分委託型投票 □

もしAを選んだ方は、今までの選挙と全く同じであり、次回の選挙までの支持政党ないし政治家の総ての判断と決定に完全に同意することを表明したことになる。

国政改革後の政治制度には「重要課題に関する国民投票制」が採用されているが、選挙の時にA（＝完全委託型投票）を選択した有権者は、次回の選挙までの間に「重要課題に関する国民投票」が実施される場合には、その国民投票に改めて投票することはできない。なぜなら投票したら二重投票になるようにシステムが設計されているからである。

投票はできないが、先の選挙で「全面支持」を選択しているので、あなたは、「国民投票の時には支持政党案に賛成投票することを選ぶ」有権者だとみなされて、実際の国民投票の時には既得票として自動的に加算されることになる。

こうして自分の投票を「完全委託型」にするか「部分委託型」にするかの登録が完了すると、投票行為の確認過程が始まる。投票センターから再び「あなたが投票するは□□党の立候補者○○さんですね？」と確認を求めるメッセージが送られてくる。

あなたは確認画面上の〝確認ボタン〟を押して、投票は終わり。

これに対して、B（＝部分委託型投票）の投票方式は、文字どおりあなたが選挙の時に投票した政党や人物を支持はするけれども全面的に一〇〇％支持するわけではない、というあなたの意思を投票に反映する方式である。

このAとBの投票結果の違いは、ただ一つだけ。

その違いというのは、我が国が重要な政治課題について前記のように国民投票制を採用した時に現れてくる。

Ａの「完全委託型投票」をした人は、国民投票の時の課題については、それ以前の選挙の時に全面的に支持してあった政党なり政治家の得票として計上されることになるので、国民投票の時には投票する必要がないことになる。国民投票の際に間違って投票すれば、親切なことに「すでに支持されている政党の政策や政見に賛成であるというのあなたの意思は、今回の国民投票にも反映されており、今回もあなたはすでに投票したものとして計上されておりますから、ご安心してください。」というメッセージが表示されるから、二重投票の過ちを犯すことはない。

この段階でいくらでも柔軟な対応はできる。たとえば全面委託のＡ投票方式を解除して国民投票ができるように切り替えることもできるが、そうした微調整は実際にやるときに決めればいいだろう。

Ｂ投票方式の「部分委託」を選択した〝少しややこしい人たち〟こそ——つまり時局の変化に応じて自分の意思をより精密に国政に反映したいと望む人たちこそが——重要課題別「国民投票制」で意見表明をすべき〝もの言う有権者〟なのだから、ぜひとも奮起して投票し、賛否を表明していただきたい。そうすれば、「代議士」と称する政治的代理人

——もっと本質的な呼び方をするなら「政治の仲介業者」「政治の周施屋」——を仲立ちさせることなく、有権者国民の「原始民意」を国政の決定に直接反映できるようになる。

以上のプロセスを踏むことで、各政党が直近の選挙ですでに獲得していた「完全委託投票分」の得票数に、今回の国民投票で獲得した得票数を合計した総得票数の最多獲得者が勝つ形で、課題別の国民投票は結着がつく。但しここで、直近の選挙時に棄権した人も国民投票には自由に参加できるとしておきたい。

その時は、すでに「万円万来選挙」制度の採用で選挙の棄権者数はだいぶん減ってはいるだろうが。

最後に、なぜこんな制度を提案したのか、その理由を説明しておこう。

選挙には「万円万来選挙」制度だけでいいではないか。そして国民投票の時は、あらためて全有権者で行えばいいではないかという考え方も確かに一理あるだろう。

その上で何故こういう「完全委託」投票方式と「部分委託」投票方式を設けたかというと、まずもって本来、投票行為の殆ど全てに、このような要素が含まれているからである。

なんの不満も懸念もなく一〇〇%完全支持者という人――つまり自分が支持する政党なり政治家に完全に〝帰依〟して身を委ねる〝信者〟のような人――も、確かに各政党にはいるだろうが普通は少ないはずである。

ところが実際には有権者の多くの部分を占めると思われる〝自立的に状況判断をする生活態度〟――つまり政党や政治家が提示する政策や政見に時には部分否定、また時には部分肯定の態度で臨む政治姿勢――の国民の実情を斟酌する制度が現在は用意されていないのである。

「イエスかノーか? さあどちらかに決めろ!」で、まるで無条件降伏文書にサインを迫るような選挙が繰り返されてきたわけである。

この、有権者国民を追いつめて契約書に無理矢理にサインさせる悪徳商人のような擬制「選挙」の、国民を舐め切った発想と手口が、私から見れば実に忌々しいのである。

重要課題についての国民投票制を、それに反対する国会議員どもの口を塞いで導入させることができれば、それは真正の民主政に前進するための大きな一歩になるけれども、しかしこの国民投票制の導入は技術的な欠点のせいで有権者国民に新たな不満を生じさせる可能性が依然として高いのだ。

というのは、たとえば特定の政党を支持していて「全面的とまではいかないけれど、まあまあこの政党のやり方でいいや」とお考えの人にとっては、その「まあいいや」という

〝ほぼ全面委任〟の意思を表す手段は、単純な国民投票のやり方で決定してしまう方式では、国民投票の度に投票しなければ「支持政党の案に賛成である」という意思を表せないことになる。こうなるとすぐ「面倒くさい」だの「忙しい」などで国民投票の棄権問題が発生してくる。

それであえて「完全委託」投票という仕組みを用意して、いちいち国民投票に参加しなくても、参加したのと同じ効果を決定の場にもたらすという現行選挙制度の要素を残したということなのである。

現行の選挙制度に誉めるべき点は殆どないのだが、数年に一度しか行われない選挙の実施間隔の長さ——これこそ民主主義の根本理念に照合すれば欠陥部位ではあるが——この欠陥部位ということが、「全面委託」投票制を有権者自身に選ばせることによって、コロッと簡便さに変わる。数年に一度ぐらい行われる選挙で、自分が支持する特定政党のすべての判断と決定を支持する内容を、政治という場に反映できるということになる。

一方でここが国民投票制の重大かつ唯一の欠点ということになる。

従来のやり方で行けば、国民投票の時に投票しなければ投票として計算されない。当然である。

これは〝特定の政党や政治家に全面委任〟の類いの有権者たちに、新たな負担を強いることになる。

重要課題別「国民投票」制を採用することにより、自分の政治的意思が反映されなくなってしまったと言われたら、重要課題別「国民投票」制を進める側としてはつらい。

こういう欠点が分かっているのに、改良も施さずにそのまま重要課題別「国民投票」制を採用しろとは言いたくない。こういう欠点を克服した形にして、この重要課題別「国民投票」制の採用を第二維新（近代日本の第三革命）の主要目的の一つにすべきだと思うのだ。

政治を〝政治家の立場〟ではなく、民主主義政治らしく〝国民の立場〟で考えた時、現行制度にはずいぶんと改良の余地があることに気づかされる。

たとえば、野党でなければ決められない事項を定めて多数決原理の欠陥部位を補填する「野党権」という考え方の導入。また衆議院選挙時に、衆議院議員の選出だけでなく有権者国民からの内閣不信任投票を受け付ける同時処理制の採用。

最高裁判所の裁判官の国民審査は現行憲法（第七九条）では「その任命後初めて行はれる衆議院議員総選挙の際」に国民審査に付し、「その後十年を経過した後初めて行はれる衆議院議員総選挙の際」に更に審査に付し「その後も同様とする」と、審査の間隔がずいぶんと悠長であるが、少なくとも三年ごとに実施される参議院選挙の時にも国民審査を行うように実施頻度を高める。

徹底した電子化した行政のやりかたをしている北欧エストニア方式の電子行政府の導入。政治情報の完全公開の徹底。官房機密費の廃止と支出先の完全公開。特別会計の審査確定を、従来の「行政処分」から「国会審議決定事項」に移行する。公務員に対する特別刑法の設定。最高裁判所裁判官の国政選挙による選出制と憲法裁判所の設置。電子国民発議制の採用。——などなど、どんどん改革をすればいいのだ。

なぜ改革ができないかといえば、これは日本が民主主義国家ではなく、政治家が自分の権力を保持しようとして必死になって屁理屈を言い張り、公論を攪乱するなどして民主主義実現の邪魔をしているからだと言うほかない。

一度、日本の政治を外部の優秀なコンサルタント会社に精査させ、理想形を洗い出してもらうことを、自公連立政権が消え去った後の新政権には、やらせてみたいものである。

「日本を今一度せんたく（洗濯）いたし申候《もうしそうろう》」と姉の乙女に、純朴な子供のような字で手紙を書いた坂本龍馬の心境に少しだけ近づいたような気がする。

日本経済の本質的弱点である食料、エネルギー資源等の海外依存体質を改善しながら、最終目標としては、生活レベルを「文明開花」以前の水準ほどに下げることなく完全自立の経済体制を創り上げるために、科学技術の発展を推し進め、そのために必要な官民の財力や人材などを最優先で傾斜的に集中投入させるという国家戦略を、私は「重脳主義」と称することにしているのであるが、これも第二維新（近代日本の第三革命）の最重要課題なのであるが、その詳細については後日に期したい。

以上のことを実現させるために、究極的には、日本国憲法に代わる第二維新憲法を制定しなければならない。

おわりに

今までの日本では「国民の手が届かぬ場所で行われ、国民はその結果を見るだけ聞くだけの政治」が、私たち国民にとっての政治であった。選挙はするけれども、感覚的には年に一度の七夕祭りで笹飾りの短冊に〝願掛け〟したり、絵馬に願いごとを書いて神社に奉納するのとさほど変わらない、政治家に〝願掛け〟をすることしか許されぬ政治でもあった。

「議会制」民主主義という制度はこのままでいいのだろうかと、私は何十年も考えてきた。

もう「見るだけ聞くだけの政治」ではなく、国民自身がイギリスのブレグジット（＝EU脱退）の是非を決めた国民投票のように、あるいはスイスの国民投票のように、政治課題に関して直接決定できるようにすべきではないか。

そして政治家には、国民の直接政治参加を制度的な大前提に据えたうえで、その国民直接参政による政治が健全な方向に進むよう、もっぱら情報や見識を国民に提供することで、

「輔弼《ほひつ》」（＝主権者が主権を行使する際に過誤が生じないよう進言・忠告すること）の役割に徹してもらう。つまり選挙で選ばれる〝選良〟たる政治家には、もっぱら国民の意思をいかに実現していくかに万全を期してもらうのである。

自分たちで決められないのなら、やる気がしないのは世の常、人の常……。国民の直接政治参加が今より一段と進んで、与党になったのに政治家が自分たちだけで予算を最終決定できない民主政が実現した暁には、「与党になる意味はない。国民が勝手にやればいいのだ」と不貞腐れる政治家も少なからず出てくるはずだ。

でもこの考えはまちがっている。

与党だからといって国民は「殿様」を選んだわけではないのだ。国会議員とて「公務員」であり「公僕」なのだ。国民が選挙で選んだ「公僕」なのだ。国民が決めたことには、従がってもらわなければならない。「そんなのはいやだ」というのなら政治家を辞めて別の仕事に就くがよい。

国民が決めるといっても、国民にとって重要な政治課題について充分な解答を出せる人が、本当に少ないことは事実である。

〝考える仕事〟を遂行するために国（や地方公共団体）に雇われているのが、公務員であり政治家なのである。「スーパーの店員やセールスマンと違う」——こんな発言すれば辞職された川勝平太・元静岡県知事みたいに世間から集中砲火を浴びそうであるが、敢えて私から申し上げよう。

「公務員」は公共社会の政治を企画立案し、執行し、公共社会の争いごとを裁いたり調停するために必要な、あらゆる決まり事や段取りを考え、答えを出すために国民から選ばれ採用された存在に他ならない。だから、「考えるな」と政治家に言い渡しているつもりはない。寝る時間も惜しんで、ご本人の家庭生活に大きな犠牲を強いることもあるかもしれないが、国家国民のために考えてほしいと願うのである。

「政策づくりや段取り調整などの苦労の多い仕事は我々政治家に押しつけておいて、最終決定は国民投票で決めるなんて、国民はイイとこ取りばかりしているなァ……」などと思うかもしれないが、平時においては政治の指導力も知力も、そして活動時間も、当然ながら職業政治家の方が圧倒的に恵まれている。

充分すぎるほど考えたあげくに「日本は核武装が必要不可欠だ」という結論に行き着いたならば、それを国民に堂々と説明し説得せねばならない。それで国民が「否！」と言った時は政治家は黙って身をひけばいいのである。

現今の与党の度し難くダメなところは、事実上の〝宗主国〟アメリカとの密談で請われるままに兵器の大量買い付けを約束してしまい、「閣議」と称する内閣謀議でさっと防衛費の倍増を決め、頭数で勝る陣笠議員を国会議決に動員して、集団的自衛権を勝手に行使できるようにしてしまうという〝国民不在〟の密室政治と暴走政治が日常茶飯になっている点である。これが全くいけないのである。

今まで国会議員は与野党ともに、総じて、真剣にまじめに審議をしていなかったのではないか？　なぜなら、いくら審議したって与党の言いなりになるしかないのだから……。

野党はいつでも関ヶ原の戦いで敗れた豊臣方の武士のような存在であった。

しかしお気づきのことと思うが、国民投票で決められる重要な政治課題については、国会において豊臣・徳川の差がなくなるのである。日本共産党と自由民主党は同列に並ぶことになる。

政権を取ったからといって安心できないことになる。「国民投票」対象外の政治課題に関しては今まで通り与党の思うままであろうけれども……。

敗戦から今日に至る日本の政治を「バージョン１（Ver. 1）の政治」とする。

この日本の「バージョン１の政治」はおよそ民主主義政治とはかけ離れた惨状を呈して

いる。

言い換えると日本の政治は今後、アメリカの軍産複合体に隷従したっきりの自称「保守」政党の思惑のままに、およそ民主主義政治の理念からかけ離れたまま暴走を続けるのか、そうではなく正反対の本来の民主主義政治の姿を求めるのか、という死活的な分岐点に立たされているわけである。

日本の国民は敗戦後、選挙時の投票以外の総ての政治課題に関しては、ただの一度も自己の意思で直接決定したことはない。すべての決定を国会議員に任せっきりにしてきた。なにしろ日本国憲法ですら、そうなのだ。

そして思えば、「議会制」民主主義の諸々の悪弊や欠点、あるいは限界というものが発生してきた根本原因は、国民が本当の意味での「主権行使」を放棄し、「代表者」と称する〝権力の仲介者〟、すなわち「議員」という名の特権者たちに任せっきりにしてきたことにある。

国会議員は国民の主権を不正に使用してきたわけである。

並々ならぬ苦労の果てに自分の〝人生の伴侶〟を決めても大いに失敗することが往々にしてある〝人の世〟で、赤の他人の立候補者の中から、素晴らしい政治家を選ぶなんておおよそ不可能なことだ。

民主主義という考え方はこの「選挙制度」という擬制を採用したことで、まったく辻褄が合わなくなってしまった。この〝擬制「民主政治」の病弊〟に、多くの人が気付かねばならない。

「議会制」民主主義というのは、「おまかせ民主主義」にすぎず、真の民主主義とは〝別もの〟なのだということを、はっきりと認識しなければならない。

だが致命傷ではあるものの、〝権力の代理人〟たちに任せざるを得ないという事情も政治の世界には間々、存在する。それに政治家や官僚のすべてが国民をだまそうとしているわけではない。

だから「議会制」民主主義という制度を今後も存続させて国民の生活に十分に役立つ〝道具〟として活用したいと望むのであれば、このまま放置するのではなく、何か知恵を出さなければならない。

そこで私は「議会制」民主主義の再生のためには、国政の最後の審判者である「主権者たる国民」に〝国政の舞台〟に直接に登壇していただくほかないと考えた。

民主主義政治は、あらためて新しい民主主義宣言をしなければならないのである。

「他者に任せてきた民主主義」から「自ら決定する民主主義」へと。

他者に騙させたり不本意や残念無念の体験をさせられたりしないためには、自分で決定するしかないということ。

私を含めてだが、他者に対して完全に誠実な存在でいられる人なんて世間にそう多くはいないだろう。同様に、全くもって不誠実なだけの人というのも少ないと思う。

政治家も我々と同じ人間だから誠実さと不誠実さを同居させて生きているわけだが、政治家というのは「民主主義社会」においてさえ特異な存在であり、普通の人には考えもつかないくらいの大きな権力を身に着ける。

だから国会議員の殆どが政府与党の機密費漬けになっていて、「けっきょく与党案も野党案も日替わりの看板みたいなもので、最後には権力を有する者たちの思惑通りの結果になるのさ」とうそぶく政治家もいるだろう。

そうならないように有権者国民の側がしっかりしなければならないのである。

現今の日本の政治状況では、自由民主党政権の権力者を籠絡すれば、ほぼ思い通りの政治ができる。だがもし重要な政治課題を国民投票で決める制度に変わったら、有権者国民の過半数を籠絡せねばなるまい。まさかそんなことを実行しようとすればコストがかかりすぎる。ヒトラー的な独裁体制にでもしなければ国民を思い通りにはできないわけだ。

だから日本の政治でうまい汁を吸おうという連中は、現状の体制をできるだけそのままにしようとするだろう。

しかし「万円万来選挙」制度の導入から始まる日本型「直接民主政」の構築は、「代議制」を隠れ蓑にして政治権力を私物化してきた悪党どもを無力化する、という防衛的で〝後ろ向き〟の効用のみをめざすものではない。もっと〝前向き〟な、有権者国民の自己実現を促す効用がある。

仮にどんな素晴らしいことでも、他人が決めてそれに従わされるということは、人間としては不快なものである。当世では、愛玩動物は無論のこと、食用の家畜や家禽でさえ「動物の福祉」実現のために可能なかぎり〝自由で幸福な生涯〟を過ごさせる飼育が義務化されている。

まして我々は人間なのだから、自分にかかわる問題、関心のある政治課題については国会議員に審議や検討はさせるけれども、彼らに決めてもらうのではなく国民投票を行って自分で決めるという社会環境が、保障されて当然なのである。

そしてその結果が自らの考えや希望とは異なったとしても、直接的政治参加の結果なのだから納得できるのではないか。どうしても納得できないなら、スイスで行われている国民投票のように国民自らが仲間を集めて、何度でも繰り返し、発議を試みればよい。直接民主政なら、それができる。

こういう政治の実現を私は希望するのである。

二〇二四（令和六）年八月

武田文彦

【著者紹介】
武田 文彦（たけだ ふみひこ）
◉——1944年、北海道岩見沢市で生まれる。慶応義塾大学法学部政治学科卒業、サラリーマン生活の後、主として中央官庁に対する情報サービス、コンサルタント業務を中心とした会社を設立し2020年に企業譲渡。その間、情報化時代の民主主義のあり方を追究する民主主義研究所を設立し、その成果を広めるためのサロン活動として「リンカーンクラブ」を主宰している。
2006～2014年慶応大学大学院法学研究科講師。
◉——民主主義については、未来学者アルヴィン・トフラーをはじめ多くの学者、政治家などと対談し、テレビ、新聞、雑誌に登場してきた。著書に『民主主義進化論（上・下）』（竹内書店新社）、「無党派市民の究極的民主主義宣言』（ビジネス社）、『代議士不要の政治』（大陸書房）『日本政治の解体新書』（論創社）などがあり、雑誌発表論文も多い。

「投票手当」１万円を支給する新選挙制度のすすめ
——「万円万来選挙《まんえんばんらい》」の思想と行動

2024年12月25日　初版第１刷印刷

著者　武田文彦
発行者　森下紀夫
発行所　論創社
東京都千代田区神田神保町 2-23　北井ビル2F（〒101-0051）
tel. 03（3264）5254　fax. 03（3264）5232
web. https://www.ronso.co.jp/
振替口座 00160-1-155266
装丁／三浦正已
組版・印刷・製本／精文堂印刷

ISBN978-4-8460-2410-9